Genefa, Paris a Dinbych

ac ysgrifau eraill

Golwg ar rai o wŷr llên Sir Ddinbych

E . G W Y N N M A T T H E W S

Argraffiad cyntaf: 2019

Dymuna'r cyhoeddwyr gydnabod cymorth ariannol
Cyngor Llyfrau Cymru

Cynllun y clawr: Y Lolfa
Llun y clawr: Humphrey Lhuyd
trwy ganiatâd Llyfrgell Genedlaethol Cymru

Rhif Llyfr Rhyngwladol: 978 1 78461 747 9

Cyhoeddwyd ac argraffwyd yng Nghymru
ar bapur o goedwigoedd cynaladwy gan
Y Lolfa Cyf., Talybont, Ceredigion SY24 5HE
gwefan www.ylolfa.com
e-bost ylolfa@ylolfa.com
ffôn 01970 832 304
ffacs 832 782

Ceisiais ddangos nad yr etifeddiaeth neilltuol a ddylai fod yn wrthrych balchder, eithr yr etifeddiaeth gyfrannog.

Saunders Lewis

Cynnwys

Rhagair

MAE DWY WEDD I'R casgliad hwn o ysgrifau. Gellid eu
hystyried fel ysgrifau ar rai o wŷr llên yr hen Sir Ddinbych
a'u cyfraniad i hanes lleol, neu gellid eu hystyried fel ysgrifau ar
hanes syniadau a'u cyfraniad i hanes deallusol Cymru.

Ni ddylid eu hystyried fel beirniadaeth lenyddol, ac nid ysgrifau
yn ystyr lenyddol fanwl y term 'ysgrif' ydynt chwaith. Casgliad
o ddarlithoedd cyhoeddus ydynt a draddodwyd ar wahanol
achlysuron dros gyfnod gweddol faith o amser. Wrth ddethol pa
ddarlithoedd i'w cynnwys, ceisiais sicrhau cynrychiolaeth o bob
canrif o'r unfed ganrif ar bymtheg hyd yr ugeinfed. Maent wedi
eu gosod yn fras yn nhrefn gronolegol eu gwrthrych yn hytrach na
threfn eu traddodi ar lafar.

Mae rhai o'r ysgrifau wedi eu cyhoeddi eisoes a manteisiais
ar y cyfle i'w golygu, sef yn bennaf, diweddaru rhai pwyntiau a
chywiro gwallau iaith neu lyfnhau ambell fynegiant yma a thraw.
Yn achos yr ysgrifau ar Humphrey Lhuyd a Morgan Llwyd, a
gyhoeddwyd eisoes, teimlais mai buddiol fyddai ychwanegu rhai
ffeithiau bywgraffiadol at y fersiwn wreiddiol er mwyn gosod y
drafodaeth mewn cyd-destun ehangach na'r hyn oedd yn ofynnol
pan draddodwyd hwynt. I nodi'r gwahaniaeth rhwng y ddwy
fersiwn, fe newidiais eu teitlau. Gan fod y darlithoedd wedi eu
cyfansoddi dros gyhyd o gyfnod, a rhai wedi eu cyhoeddi mewn
cyhoeddiadau gwahanol, nid oes cysondeb drwy'r gyfrol bresennol
o ran cyfeiriadaeth. Cadwyd at y dulliau gwreiddiol.

Dyma felly nodi darddiad yr ysgrifau.

'Colofn Dysg': Humphrey Lhuyd o Ddinbych: papur a
draddodwyd yng nghynhadledd Adran Diwylliant y Ddeunawfed
a'r Bedwaredd Ganrif ar Bymtheg o Gymdeithas Cyn-Fyfyrwyr

Prifysgol Cymru yn Aberystwyth yn 2018. Ymddangosodd y fersiwn wreiddiol dan y teitl, 'Humphrey Lhuyd a'r Eidalwyr' yn *Y Traethodydd*, Ebrill 2019.

Y Gair yn y Llan: William Salesbury ac Addoliad yr Eglwys: darlith a draddodwyd i Gymdeithas Hanes Undeb yr Annibynwyr Cymraeg yn Llansannan yn 2017.

'Deuparth Bonedd yw Dysg': Henry Salesbury, Dolbelydr: darlith a draddodwyd yn Saesneg yn Ninbych yn 2014 dan nawdd Cyngor y Dref.

'Ohono mae'r Byd drwyddo': Credo Morgan Llwyd: ysgrif a gyhoeddwyd yn wreiddiol dan y teitl 'Theistiaeth Morgan Llwyd' yn *Cred, Llên a Diwylliant* (gol. E. Gwynn Matthews), 'Astudiaethau Athronyddol' Cyf. 1, Gwasg y Lolfa (2012) yn seiliedig ar ddarlith a draddodwyd i Gylch Llyfryddol Caerdydd yn 2010.

Jac Glan-y-Gors a'r Baganiaeth Newydd: Darlith Lenyddol Eisteddfod Genedlaethol Bro Colwyn 1995. Cyhoeddwyd gan Lys yr Eisteddfod.

Genefa, Paris a Dinbych: Agweddau ar *Gair yn ei Amser* Thomas Jones o Ddinbych: Darlith Lenyddol Eisteddfod Genedlaethol Sir Ddinbych a'r Cyffiniau 2001. Cyhoeddwyd gan Lys yr Eisteddfod.

Dau Fardd – Dau Ddrych: Jac Glan-y-Gors a Twm o'r Nant: darlith a draddodwyd i Gymdeithas Bob Owen yn Eisteddfod Genedlaethol Sir Ddinbych a'r Cyffiniau 2013.

Thomas Gee a'r 'Estrones': darlith a draddodwyd yn Eisteddfod Genedlaethol Maldwyn a'r Gororau 2015 dan nawdd Pwyllgor Dathlu Daucanmlwyddiant Geni Thomas Gee.

Syr Henry Jones a Diwygiad '04-'05: Darlith Goffa Syr Henry Jones a draddodwyd yn Llangernyw yn 2005 dan nawdd Ymddiriedolaeth y Cwm. Fe'i cyhoeddwyd yn *Hen Sir Ddinbych: Trafodion Cymdeithas Hanes Sir Ddinbych*, Cyf. 54 (2005/6).

Yr wyf yn gwerthfawrogi'n fawr y gwahoddiadau a gefais i draddodi'r darlithoedd hyn, ac rwy'n gobeithio y bydd noddwyr y darlithoedd yn croesawu eu cyhoeddi neu eu hailgyhoeddi mewn ffurf fydd yn ehangu ar y gynulleidfa wreiddiol. Yn ychwanegol at y cyfle a roddodd y darlithoedd cyhoeddus i mi ymchwilio i waith y gwŷr llên a drafodir yma, fe elwais yn sylweddol o gynnal dosbarthiadau oedolion ym mhob cwr o'r hen Sir Ddinbych am dros dri degawd. Rhoesant gyfle i mi ddysgu yn ogystal ag addysgu.

Mae'r gyfrol yn gyflwynedig i fy wyrion, ond nid wyf yn disgwyl iddynt ei darllen ar unwaith − er gallant o leiaf weld eu lluniau yn y darlun o Dolbelydr.

Rwy'n cydnabod yn ddiolchgar iawn nawdd y Cyngor Llyfrau, ac yn datgan fy nyled i olygyddion y Cyngor a'r Lolfa am achub fy ngham lawer tro. Ni allaf ganmol yn ormodol y cydweithrediad a dderbyniais gan Wasg y Lolfa gydol yr amser o gyflwyno'r syniad hyd at yr argraffu. Yn olaf, ac yn bwysicaf, diolch i Mair am ei chefnogaeth ymarferol, yn enwedig ar yr adegau hynny pan oedd fy mherthynas gyda'r cyfrifiadur yn fregus.

Gwynn Matthews

Gŵyl Ifan, 2019

'Colofn dysg':
Humphrey Lhuyd o Ddinbych

Cofeb Humphrey Lhuyd yn yr Eglwys Wen,
Dinbych. (Mair Matthews)

R HWNG Y 5ED A'R 10fed o Awst 1559 bu'r Frenhines Elisabeth ar ymweliad â phalas Nonsuch yn Surrey. Nid oedd plasty arall yn y deyrnas i'w gymharu ag ef o ran godidowgrwydd ei bensaernïaeth. Cychwynnwyd ar y gwaith o'i godi gan Harri VIII ond bu ef farw cyn cwblhau'r adeiladu. Maes o law fe etifeddwyd yr adeiladau anorffenedig gan y Frenhines Mari ond fe'u gwerthwyd ganddi i'r pendefig Catholig, Henry Fitzalan, deuddegfed Iarll Arundel. Buasai Arundel yn allweddol yn yr ymdrech i sicrhau'r orsedd i Mari (a diorseddu Lady Jane Grey). Pan olynwyd Mari ar yr orsedd yn 1558 gan y Frenhines Brotestannaidd, Elisabeth, trosglwyddodd Arundel ei deyrngarwch iddi, ond parhaodd yn Babydd. Gwestai Arundel oedd Elisabeth.

Un o brif drysorau Nonsuch oedd y llyfrgell. Y prif reswm am hynny oedd fod Arundel wedi llwyddo i gael meddiant o lyfrgell Thomas Cranmer, Archesgob Caergaint, a ferthyrwyd oherwydd ei ddaliadau Protestannaidd yn ystod teyrnasiad Mari. Ystyrid mai llyfrgell Cranmer oedd yr orau yn y deyrnas yn ei ddyddiau ef. Heb os nac oni bai, byddai Elisabeth wedi dymuno treulio amser yn y llyfrgell nodedig hon. Yr oedd hi'n berson hynod ddeallus, yn medru ieithoedd modern a chlasurol, a diddordeb byw mewn syniadau, llenyddiaeth, diwinyddiaeth a hanes. Yn y llyfrgell byddai wedi cael tywysydd gwybodus a galluog yn ysgrifennydd Arundel, Humphrey Lhuyd.

Brodor o Ddinbych oedd Lhuyd, yn fab i Robert Llwyd a'i wraig Joan Piggot, a aned tua 1527. Roedd y tad yn fab i Thomas Lloyd o Ddinbych, ac roedd yntau yn fab i John Lloyd ap William o Foxhall, plasty bychan ym mhlwyf Henllan ar gyrion tref Dinbych. (Ni ddylid cymysgu rhwng y tŷ hwn a Foxhall Newydd, murddun cyfagos o blasty mawreddog nas cwblhawyd, oherwydd i'r perchennog, John Panton, a fu'n A.S. dros y fwrdeistref yn 1592 a 1601, fynd yn fethdalwr.) Mae John Williams, hanesydd Dinbych, yn awgrymu yn *Ancient and Modern Denbigh* (1856) mai llygriad o Foulk's Hall yw Foxhall.[1] Ymddengys fod enw Cymraeg i'w gael ar y safle hefyd, oherwydd ar ben llawysgrif lle mae'n olrhain ei achau, mae Lhuyd yn ysgrifennu 'bryn ysgyb yn henllan nev ffoxol'.[2] Yn ôl yr achres honno yr oedd yn un o ddisgynyddion Harri Rosndal Hen, a gwreiddiau'r teulu felly yn Rossendale, Sir Gaerhirfryn. Daethai'r teulu i Ddyffryn Clwyd gyda'r mewnlifiad Eingl-Normanaidd dan Iarll Lincoln yn 1287.

Normanaidd oedd tarddiad teulu ei fam, Joan Piggot, hefyd. Yn wir mae'n bosibl fod ei hynafiaid hi wedi cyrraedd Dyffryn Clwyd ymhell cyn 1287. Yn ôl John Williams eto,

The first "Bigot" who set his marauding foot on the fair Vale
of Clwyd appears to have been Hugh Bigod, a younger son of
Roger Bigod, Earl of Norfolk, Chief Justicar of England, who
accompanied Henry II in his expedition into these parts.[3]

Byddai hynny wedi bod yn 1157. Yn wythdegau'r drydedd
ganrif ar ddeg ymddengys yr enw Richard Pygote yn siarter
Normanaidd cyntaf bwrdeistref Dinbych.[4]

Nid oes unrhyw wybodaeth sicr am ieuenctid Lhuyd, ond credir
iddo fynychu Coleg y Trwyn Pres, Prifysgol Rhydychen, gan
raddio gyda B.A. yn 1547 ac M.A. yn 1551. Yn 1553 cyflogwyd
ef gan Arundel, a wnaed yn Arglwydd Stiward yr Osgordd gan
Mari, ac a wnaed yn Uchel Stiward Prifysgol Rhydychen yn 1555.
Yn 1556 daeth Nonsuch i'w feddiant. Ei brif breswylfa cyn hynny
oedd Castell Arundel, ond yr oedd ganddo hefyd dŷ yn y Strand,
Arundel House. Ond blwyddyn greulon oedd 1556 i Arundel
mewn gwirionedd gan i'w unig fab a'i etifedd, Henry Arglwydd
Maltravers, farw yn bedair ar bymtheg mlwydd oed.

Cafodd Arundel brofedigaethau pellach yn 1557 pan fu farw
ei ferch ieuengaf, Mary Duges Norfolk, ar enedigaeth plentyn,
ac yna o fewn dau fis, bu farw ei ail wraig. Yn dilyn y golled
hon, daeth Jane, ei ferch hynaf, a'i gŵr, John Arglwydd Lumley
i fyw ato yn Nonsuch. Fel mae'n digwydd, bu Lumley yn gyfaill
pennaf i Henry, y mab a gollwyd, a bu'r ddau yn gyd-fyfyrwyr yng
Nghaergrawnt. Pennaf ddiddordeb y ddau ohonynt, fel Arundel
yntau, oedd casglu llawysgrifau a llyfrau, sef diddordeb cyffredin
ymysg aelodau'r dosbarth breiniol yng nghyfnod y Dadeni Dysg.
Maes o law, fe briododd Lhuyd Barbara, chwaer Arglwydd Lumley.
Go brin y gallai fod wedi dymuno amodau gwaith amgenach.

Mae'n bwysig ein bod yn sylweddoli mai nid llyfrbryf
meudwyaidd oedd dyneiddiwr cyfnod y Dadeni. Yr oedd y
cysyniad o ddinasyddiaeth yn elfen gref yn y ddelfryd ddyneiddiol.
Hynny yw, yr oedd y dyneiddiwr yn weithredwr dinesig a
chymdeithasol, ac os oedd y moddion ganddo, yr oedd hefyd yn

noddwr. Ni ddylem synnu felly fod Lhuyd wedi chwarae rhan (a rhan bwysig yn wir) ym mywyd gwleidyddol ei gyfnod. Felly, o Ionawr hyd fis Mai 1559 yr oedd yn Aelod Seneddol dros etholaeth East Grinstead yn senedd gyntaf Elisabeth (etholaeth-boced Dug Norfolk, mab-yng-nghyfraith Arundel oedd East Grinstead bryd hynny.) Yna yn 1563, ac yntau erbyn hynny wedi symud i fyw i Ddinbych, daeth yn Aelod Seneddol dros fwrdeistref Dinbych. Mae'n werth nodi efallai fod ffefryn y frenhines, Robert Dudley, wedi ei wneud yn Farwn Dinbych yn 1560 (ac ychydig yn ddiweddarach yn Iarll Leicester hefyd). Gosododd benderfyniadau y ddwy senedd yma gyfeiriad i fywyd gwleidyddol, crefyddol a diwylliannol Cymru a Lloegr am ganrifoedd i ddilyn.

Cynnyrch pwysicaf senedd gyntaf Elisabeth oedd y Ddeddf Goruchafiaeth a ailsefydlodd y Goron fel Prif Lywodraethwr Eglwys Loegr, sef diddymu'r undeb ag Eglwys Rufain (a sicrhawyd dan Mari), a thrwy hynny sefydlu Protestaniaeth fel crefydd sefydledig y deyrnas. O safbwynt Cymru, cynnyrch pwysicaf ail senedd Elisabeth oedd Deddf Cyfieithu'r Beibl a'r Addoliad Cyhoeddus i'r Gymraeg. Digwyddodd ymweliad Elisabeth â Nonsuch rhwng eisteddiadau y ddwy senedd, ac mae'n rhesymol i ddyfalu y gallai'r frenhines fod wedi trafod materion seneddol gyda Lhuyd yn ystod yr ymweliad. Gellir tybio y byddai hi wedi holi Lhuyd am sefyllfa Cymru yn wyneb y newid cyfeiriad crefyddol a ddigwyddasai yn Senedd 1559, ac os felly y bu, yna byddai ef wedi pwysleisio na ellid gobeithio cael y Cymry i dderbyn y drefn newydd oni bai fod yr addoliad cyhoeddus yn iaith y bobl a bod cyfieithiad Cymraeg o'r Beibl yn cael ei gynnig iddynt. Ai ar sail yr ymweliad hwn, tybed, y bu i Lhuyd chwarae rhan mor amlwg yn y dasg o lywio Mesur Cyfieithu'r Beibl a'r Llyfr Gweddi drwy Dŷ'r Cyffredin yn 1563? Meddai Gruffudd Hiraethog amdano yn ei gywydd o fawl:

Perl mewn Tŷ Parlment yw hwn;
Peibl, wyneb pob haelioni,
A wnaeth yn Act o'n iaith ni[5]

Y dybiaeth yw mai'r Esgob Richard Davies a wnaeth yr un dasg yn Nhŷ'r Arglwyddi.

Ni ellir gor-bwysleisio pwysigrwydd y ddeddf hon o safbwynt crefydd a diwylliant Cymru. Rhoddodd statws i'r Gymraeg, a rhoddodd y cyfieithiadau safon i'r iaith lenyddol. Dylid nodi mai nid *caniatáu* cyfieithu'r Beibl i'r Gymraeg wnaeth y ddeddf ond *gorchymyn* hynny. Dylid nodi hefyd nad oedd cymal olaf y ddeddf, sydd yn gofyn fod cyfieithiad Saesneg o'r Beibl i'w osod yn gyfochrog â'r cyfieithiad Cymraeg fel ag i hwyluso dysgu Saesneg (dull go anobeithiol o ddysgu ail iaith i boblogaeth anllythrennog!) yn rhan o'r mesur gwreiddiol: fe'i ychwanegwyd gan yr Arglwyddi ar derfyn taith y mesur drwy'r Senedd.

Mae faint o ddiddordeb oedd gan Elisabeth yn yr iaith Gymraeg yn gwestiwn na ellir ei ateb, ond mae'n ddiddorol ei bod wedi cyhoeddi Comisiwn Brenhinol i gynnal Eisteddfod Caerwys 1567. Yn fwy na hynny, fe gyflwynodd dair wobr, sef cadair, telyn a thafod arian i'w cyflwyno i oreuon yr eisteddfod. Erys y delyn arian o hyd ym meddiant teulu Arglwydd Mostyn. A oedd Lhuyd tybed wedi ennyn diddordeb y Frenhines yng Nghymru a'i hiaith? Ychydig cyn yr ymweliad brenhinol â Nonsuch, sef 17 Gorffennaf, cwblhaodd Lhuyd ei brif waith llenyddol, *Cronica Walliae*, Hanes Cymru. Byddai'r hyn oedd ganddo i'w ddweud wrth y frenhines am Gymru, ei phobl, ei diwylliant a'i chrefydd yn seiliedig ar wybodaeth drylwyr. Deuwn yn ôl i drafod arwyddocâd *Cronica Walliae* yn nes ymlaen.

Perthyn i faes hollol wahanol oedd gwaith cynharaf Lluyd, sef seryddiaeth. Teitl y gwaith hwnnw oedd *An Almanacke and Kalender conteyning, the daye, houre, and mynute of the change of the Moone for ever*. Nid oes copi o'r gwaith hwn bellach ar gael, ond mae cywydd mawl Gruffudd Hiraethog (a ddyfynnwyd uchod) yn tystio i wybodaeth ddofn Lhuyd o'r pwnc:

Astudio yn wastadol,
Astron'mer, eler i'w ôl,
Holl awyr-gwrs lloer a gwynt,
A'r haul a'r sêr a'u helynt,
Oriau raddau'r arwyddion,
Ateb am ym mhob tu bôn',
Perffaith wybod, rhod barhau,
P'le newidia'r planedau.[6]

Mae'n ddiddorol fod un o gyfeillion Lhuyd, oedd fel yntau
yn frodor o Ddinbych, sef Richard Clwch, wedi adeiladu twˆr
arbennig ym Machegraig, un o'r plastai a gododd ar gyrion y dref,
yn arbennig i astudio'r sêr.

Ariannwr oedd Clwch a dreuliasai lawer o amser yn Antwerp,
canolfan ariannol Ewrop bryd hynny. Pan arhosodd Lhuyd yn
Antwerp ar ei ffordd adref o daith i'r Eidal gydag Arundel yn 1568
fe aeth i weld Clwch. Cyflwynodd Clwch ef i un o'i gydnabod
yn Antwerp, gwˆr o'r enw Abraham Ortelius. Ysgythrwr oedd
Ortelius, galwedigaeth ddefnyddiol iawn yn y ddinas, gan fod
Antwerp yn ganolfan argraffu bwysig. Datblygodd Ortelus
ddiddordeb mawr mewn casglu ac argraffu mapiau, ac ef
gynhyrchodd y gwaith cyntaf y byddem ni yn ei alw yn atlas, sef
ei *Theatrum Orbis Terrarum* (1570). Yr oedd ganddo, fel Lhuyd,
ddiddordeb mawr mewn enwau lleoedd, a daeth y ddau yn
gyfeillion mawr mewn byr amser. Bu Ortelius yn chwilio am fap
o deyrnas Lloegr ar gyfer yr atlas arfaethedig, a chytunodd Lhuyd
i lunio map ar ei gyfer.

Mewn gwirionedd, lluniodd Lhuyd dri map iddo. Mae dau
ohonynt yn fapiau o Gymru a Lloegr, *Anglia Regni* (Teyrnas
Lloegr), ond mae un ohonynt yn fap o Gymru yn unig, *Cambriae
Typus* (Delwedd o Gymru). Dengys y map o Gymru enw sawl
lle yn Gymraeg a Saesneg, rhywbeth a fyddai wedi bod wrth
fodd Ortelius gyda'i ddiddordeb mewn hanes enwau lleoedd.
Ymddengys enw Lhuyd ar y mapiau a argraffwyd gan Ortelius,

gan nodi mai Cymro o Ddinbych ydoedd: *Humfredo Lhuydo Denbigiense Cambrobritanno* (map Cymru), *Hvmphredo Lhvyd Denbygiense* (map Cymru a Lloegr). Mae arwyddocâd arbennig i'r ffaith fod Lhuyd wedi mynd ati i lunio map o Gymru. Yn ôl Deddfau Uno 1536 a 1542 yr oedd Cymru gyfan wedi cael ei hymgorffori yn llwyr yn nheyrnas Lloegr, ond mae Lhuyd yn rhoi mynegiant gweledol i hunaniaeth Cymru, er gwaethaf yr uniad gwleidyddol. Fe roddodd i'r Cymry ddelwedd ('*typus*') o'u gwlad fel uned a oroesai'r uniad.

Darparodd Lhuyd nodiadau ar enwau lleoedd a disgrifiad o Ynys Môn i'w hanfon gyda'r mapiau at Ortelius, ond yr oedd erbyn hynny yn ŵr gwael iawn ac yn synhwyro fod ei fywyd yn dirwyn i ben. Erys ar gadw o hyd yn y Llyfrgell Genedlaethol y llythyr Lladin a anfonodd gyda'r nodiadau a'r mapiau.

Annwyl gariadus Ortelius. Y diwrnod y gadewais Llundain derbyniais dy ddisgrifiad o Asia, ond cyn i mi gyrraedd fy nghartref daeth twymyn peryglus drosof sydd wedi hacio fy nghorff truan cymaint fel ag i beri i mi anobeithio am fy mywyd. Ond mae fy ngobaith, Iesu Grist, dan fy mron. Sut bynnag, ni allodd cryndod beunyddiol y dwymyn barhaus, nac agosrwydd presennol angau, wthio'r cof am fy Ortelius o fy ymennydd cythryblus. Felly anfonaf atat fy Nghymru, nid wedi ei gosod allan yn gymen ym mhob manylyn, eto wedi ei dangos yn gywir, a gellir taro golwg dros nodiadau a gesglais a minnau ar fin marw. Derbynia hefyd Loegr wedi ei gosod allan gyda'r enwau hynafol yn ogystal â'r rhai diweddar, a Lloegr arall gyda thameidiau disgrifiadol o *brydain* yn fy llaw fy hun – er yn amrwd, maent wedi eu sylfaenu ar ffynonellau hynafol, a byddent wedi dy gyrraedd mewn gwell trefn ac yn gyflawn pe caniatâi Duw i mi fyw. Derbyn hwn felly, gofeb olaf dy Humfrey, a hir-ffarwél i ti, fy Ortelius.

O Ddinbych yng Ngwynedd neu Ogledd Cymru 3[ydd] Awst 1568

Yr eiddot mewn bywyd ac angau

Humfrey Lhuyd[7]

Bu farw 31 Awst 1568 yn Ninbych a'i gladdu yn yr Eglwys Wen. Cododd Barbara gofeb syber iddo yn yr eglwys. Cydnabyddid ef yn ei oes ei hun gan y dyneiddiwr mawr, William Salesbury, fel ysgolhaig o'r radd flaenaf. 'Colofn dysg' oedd ymadrodd Gruffudd Hiraethog amdano. Meddai Robert Vaughan yr Hengwrt, 'Gŵr, oherwydd ei gariad at Gymru, a'i wybodaeth ym mhrif gofion yr ynys hon a'i hynafiaid, iawn deilwng ei goffau a'i foliannu'.[8] Arddangosodd ei wladgarwch a'i wybodaeth yn ei lyfr, *Cronica Walliae*, ac at y gwaith hwnnw y trown ein sylw yn awr.

Un o gymhellion Humphrey Lhuyd wrth iddo fynd ati i ysgrifennu hanes Cymru yn Saesneg (ac ef oedd y cyntaf i wneud hynny)[9] oedd yr hyn a welai ef fel agwedd sarhaus awduron a ysgrifennai am hanes Lloegr tuag at y Brythoniaid. Yr awdur a'i cythruddodd fwyaf yn hyn o beth oedd Eidalwr o'r enw Polydore Vergil.

Ganed Polydore Vergil yn Urbino tua 1470 ac fe fu'n astudio ym Mhrifysgolion Padua a Bolognia. Gwnaed perthynas honedig iddo, y Cardinal Andrianno Castelli, yn gasglwr treth y Babeth yn Lloegr ('Peter's Pence'), a'i orseddu yn Esgob Henffordd. Aeth Polydore Vergil i Loegr i fyw gydag ef yn 1502 a threulio y rhan fwyaf o'i oes yno gan ddychwel i'r Eidal yn 1553. Bu farw yn Urbino yn 1555.

Cyn iddo fynd i Loegr yr oedd yn awdur cydnabyddedig. Gwnaeth enw iddo'i hun gyda llyfrau fel *Proveriorum Libellus* (1498), sef casgliad o ddiarhebion, ac *Inventoribus Rerum* (1499 a 1521), gwaith yn trafod dyfeiswyr a'u dyfeisiadau. Yn 1506 awgrymodd Harri VII wrtho y dylai fynd ati i ysgrifennu hanes Lloegr. Cytunodd i wneud hynny, a chwblhawyd y gwaith fel llawysgrif Lladin yn 1513, dan y teitl *Anglica Historia*. Ymddangosodd yr argraffiad cyntaf yn 1534, yr ail yn 1546 a'r trydydd yn 1555, ac mae newidiadau ym mhob fersiwn. Mae'r llawysgrif yn trafod hanes Lloegr o'r cyfnod cynnar, cyn dyfodiad y Rhufeiniaid i Brydain, hyd at 1513 (1537 yn y trydydd argraffiad), ac fe'i trefnwyd yn 25 llyfr. Mae llyfrau un i saith yn trafod y cyfnodau cyn 1066.

Yr hyn sydd yn nodedig am waith Lhuyd a Vergil yw eu bod yn ysgrifennu fel dyneiddwyr. Er gwaethaf y gwahaniaethau rhyngddynt, arddangosir yn *Cronica Walliae* ac *Anglica Historia* ddiddordebau, gwerthoedd a thechnegau dyneiddiol. Er mwyn adnabod y nodweddion hyn byddai'n fuddiol troi am ychydig i edrych ar weithiau awduron cyfnod cynnar y Dadeni Dysg – Eidalwyr oll.

Dechreuwn gyda *De falso Credita et Emantita Constantini Donatione Declematio* (Traethawd ar Ffugiad Rhodd Honedig Cystennin) a ymddangosodd yn 1440. Lorenzo Valla (c. 1406-57) oedd yr awdur, ac ar y pryd yr oedd yng ngwasanaeth Alfonso I, brenin Aragon a Sisili. Yr oedd y brenin mewn anghydfod â'r Babaeth am fod y Pab yn hawlio awdurdod tymhorol dros diriogaethau yn yr Eidal a thu hwnt ar sail dogfen a adnabyddid fel *Donatio Constantini* (Donawd Cystennin). Yn ôl y ddogfen hon yr oedd yr Ymerawdwr Cystennin wedi trosglwyddo i'r Pab Sylvestr I (314-35), a'i holl olynwyr drwy'r oesoedd, awdurdod tymhorol dros dalp helaeth o'i ymerodraeth. Aeth Valla ati i brofi yn *De falso* mai ffugiad oedd Donawd Cystennin. Mae'r cyfan yn cael ei gyfleu yn debyg iawn i araith bargyfreithiwr mewn llys barn ar ran yr erlyniad, hynny yw, nodweddir yr arddull gan rethreg tanbaid.

Yn fras iawn gellir dweud fod Valla yn tynnu ar ddwy ddadl yn ei draethawd, sef dadl hanesyddol a dadl ieithyddol. Craidd ei ddadl hanesyddol yw (a) annhebygolrwydd y stori a (b) diffyg tystiolaeth annibynnol. Amgylchiad rhodd honedig Cystennin oedd fod Sylvestr wedi iachau'r ymerawdwr o'r gwahanglwyf ac yna fod Cystennin wedi troi yn Gristion. Ond, gofynna Valla, pa mor gredadwy yw hi y byddai ymerawdwr yn ildio talp helaeth o'i ymerodraeth o'i wirfodd, a pha mor gredadwy yw hi y byddai gŵr eglwysig defosiynol fel Sylvestr yn derbyn rhodd o sofraniaeth wleidyddol dros diriogaeth mor eang? A pha le mae'r dystiolaeth annibynnol? Byddai newid sofraniaeth yn ddatblygiad a fyddai'n sicr o gael ei gofnodi ar gofebion a'i adlewyrchu ar arian a fathwyd yn y cyfnod. Ond, yr hyn a ddarganfyddwn yw fod pob tystiolaeth o'r fath yn cadarnhau fod y tiriogaethau a reolid gan Cystennin yn parhau mor eang ag yr oeddynt cyn ei dröedigaeth. Ni chaed unrhyw dystiolaeth gyfoes o gwbl i gadarnhau honiad y Donawd.

Cyn manylu ar ddadl ieithyddol Valla dylid dweud y cydnabyddid ef fel awdurdod pennaf yr oes ar hanes yr iaith Ladin. Dywedid amdano y gallai, wedi iddo edrych ar unrhyw enghraifft o ryddiaith Ladin, ddweud ar sail yr eirfa yn unig i ba ganrif y perthynai. Yn 1440 ymddangosodd fersiwn cyntaf ei waith gorchestol, *Elegantiae Linguae Latinae* (Syberwyd yr iaith Ladin), ac am gyfnod maith wedi hynny dyma oedd y gwaith safonol yn y maes. Yn ei feirniadaeth ieithyddol o'r Donawd mae Valla yn defnyddio ieitheg fel arf i wrthbrofi ei honiadau.

Dengys fod y ddogfen yn arddangos ieithwedd a geirfa anachronistaidd. Meddai Valla am awdur y Donawd, 'Mae ei eirfa hurt yn ddigon i ddinoethi ei gelwydd digywilydd'.[10] 'Barbaraidd' yw dewis ansoddair Valla i ddisgrifio Lladin y Donawd.[11] Yn y wedd hon ar ei *De falso* y gwelir gwreiddioldeb Valla ar ei ddisgleiriaf. Dywed Bowersock yn y rhagair i'w gyfieithiad Saesneg:

> Valla rips apart the Latinity of the text of the Donation to prove, brilliantly and decisively, that Constantine could not have written it. His analysis of language and style has often been seen, rightly, as the beginning of serious philological criticism.[12]

Mae dryswch y Donawd parthed enwau lleoedd hefyd yn dangos anachronistiaeth sydd eto yn brawf o dwyll. Er enghraifft, mae'r Donawd yn cyfeirio at esgobaeth batriarchaidd Caergystennin, ond nid dyna oedd enw'r lle ar y pryd, ac yn sicr nid oedd yn esgobaeth, medd Valla.[13] Ceir dryswch tebyg pan gyfeiria'r Donawd at 'dalaith Byzantia', ond tref yn unig oedd Byzantium bryd hynny.[14]

Drwy ddefnydd fforensig o ieitheg, felly, dangosodd Valla na allai dogfen a ddefnyddiai Ladin canrifoedd diweddarach fod wedi ei hysgrifennu yn y bedwaredd ganrif. Nid yw ysgolheictod modern yn derbyn fod ei holl ddadleuon yn ddilys, serch hynny y mae cytundeb cyffredinol ar ddau bwynt: ffugiad yn wir yw'r Donawd, ac y mae dulliau Valla o brofi hynny (beth bynnag am y manylion unigol) wedi bod yn sail i'r defnydd o ieitheg fel arf wrth geisio profi dilysrwydd dogfennau, hyd yn oed os nad oedd mwyafrif ei gyfoeswyr â gafael sicr ar ei fethodoleg. Meddai'r Athro Charles G. Nauert:

> The truly fruitful part of Valla's work, his creation of a scholarly method of philological and historical criticism, was little understood by his contemporaries.[15]

Serch hynny, un a lwyddodd i amgyffred egwyddorion methodoleg Valla oedd Angelo Poliziano (1454–94), ac yn wir fe helaethodd hwy. Er enghraifft, pan fo amrywiadau geiriol i'w cael mewn copïau o'r un ddogfen, ni ddylid cymryd yn ganiataol, meddai Poliziano, mai geiriad y mwyafrif o'r llawysgrifau sydd yn gywir. Mae geiriad un llawysgrif gynnar yn rhagori ar eiriad deg o rai diweddarach. Nid *nifer* sydd yn arwyddocaol yn y sefyllfa hon ond *oed* a *tharddiad*. Mynega'r Athro Rens Bod agwedd Poliziano fel hyn, 'According to his genealogical method, sources had to be *weighted* instead of counted.[16]

Eto, wrth gloriannu amrywiaethau fe ellid rhagori, hyd yn oed, ar yr apêl at oed gyda'r apêl at yr iaith hynaf. Fel yr eglura'r Athro Bod:

> The latter was indeed the case when Erasmus discovered that a more recent but *untranslated* manuscript was more reliable than an older but translated document.[17]

> We shall designate Erasmus's method as the *original language principle* and contend that this method can trump the oldest source principle...[18]

Canlyniad uniongyrchol i ddarllen gwaith gan Valla argyhoeddodd Erasmus parthed yr egwyddor hon. Yr oedd Valla wedi archwilio yn ofalus destun Testament Newydd y Fwlgat ac ysgrifennodd astudiaeth feirniadol o'r testun yng ngoleuni ei wybodaeth ddofn o Ladin a'i wybodaeth o Roeg, iaith wreiddiol y Testament Newydd. Teitl yr astudiaeth oedd *Adnotationes in Novum Testamentum* (1436, 1443 a 1453). Yn hanesyddol dyma waith pwysicaf Valla, ond yn ystod ei oes ei hun ni chafodd y gwaith fawr o groeso. Yn 1504, fodd bynnag, darganfu Erasmus lawysgrif o'r *Adnotationes* mewn mynachlog ger Louvain a sylweddolodd ar unwaith arwyddocâd aruthrol y ddogfen. Arweiniodd hyn Erasmus i gyhoeddi ei *Novum Instrumentum* yn 1516 sef testun Groeg y Testament Newydd ochr yn ochr a'i gyfieithiad Lladin ef ei hun, ynghyd â sylwadau ar destun y Fwlgat.

Gwaith gan awdur arall o'r Eidal sydd yn berthnasol i'n gwerthfawrogiad o waith Lhuyd yw *Italia Illustrata* (1451, 1453) gan Flavio Biondo (1392-1463). Mae'r gwaith hwn yn bwysig am dri rheswm. Yn gyntaf, mae Biondo yn cynnig disgrifiad o'r tirlun yng ngwahanol ranbarthau o'r Eidal gyda golwg ar gael dealltwriaeth ddyfnach o'u hanes. Yn ail, gwêl fel y gall yr astudiaeth o enwau lleoedd fod yn allwedd i ddehongli hanes. Yn drydydd, mae'n sylweddoli pa mor werthfawr yw olion materol i'r sawl sy'n ceisio dehongli'r gorffennol. O hyn y datblygodd archaeoleg, maes o law, fel gwyddor. A dyfynnu Rens Bod eto:

As well as texts, Biondo also used material sources for his historiography, such as coins, epitaphs, and, of course, the monuments he studied... There was as yet no question of equality between written and material sources, but Biondo was one of the first to realize the importance of non-textual sources, which leads us to attribute the *material source principle* to him.[19]

Gyda hyn o gefndir, gallwn weld yn llyfrau Lhuyd a Vergil y nodweddion hynny a amlygwyd yng ngwaith y dyneiddwyr Eidalaidd cynnar. Dechreuwn gydag *Anglica Historia* Polydore Vergil. Fel Biondo, gyda daearyddiaeth y dewisodd agor ei astudiaeth o hanes Lloegr. Eglura sut y mae Ynys Prydain wedi'i rhannu yn bedair rhan: preswylia'r Saeson yn y rhan gyntaf, yr Albanwyr yn yr ail, y Cymry yn y drydedd a'r Cernywiaid yn y bedwaredd. Mae pob un o'r rhain yn meddu ar iaith, defodau ac arferion gwahanol meddai.

Mae'n disgrifio'n fras dirwedd y pedair rhan, ond prin iawn yw'r manylion am dirwedd Cymru. Y cyfan a ddywed yw fod tir ffrwythlon ar bwys yr arfordir, ac mewn ambell ran arall, gyda phorfa ddigonol i wartheg a modd tyfu grawn i fwydo anifeiliaid, eithr garw yw'r amodau byw i ddynion. Bydd y boblogaeth yn bwyta bara ceirch ac yfed maidd neu lefrith wedi ei lastwreiddio. Noda fod sawl castell cadarn yma. O ran bywyd eglwysig, rhannwyd Cymru yn bedair esgobaeth, a deuant dan awdurdod Archesgob Caergaint. Mae'n ymwybodol o'r iaith Gymraeg ac ae ganddo ddehongliad o'r gair Saesneg 'Welsh':

> ... galwodd y Saeson y tir yma yn 'Wales' a'r trigolion Brythonaidd yn 'Welsh' oherwydd ymhlith yr Ellmyn ystyr 'wallsmann' yw 'dieithryn', 'mewnfudwr', 'estron', 'newydd-ddyfodiad', hynny yw, dyn sydd yn siarad iaith nad yw'n Almaeneg... Dyma wir eglurhad a tharddiad enw'r Cymry (*Wallici*), nad oes undyn o fy mlaen i, hyd y gwn i, wedi ei ddeall. Y mae'r Cymry yn olrhain eu tarddiad i Wŷr Caerdroea gan honni y cyfansoddir eu hiaith yn rhannol o ieithoedd Troea a Groeg. Ond, sut bynnag am hynny, nid yw'r Cymry yn ynganu eu hiaith mor felys a meddal â'r Saeson, oherwydd, mi gredaf, fod y cyntaf yn llefaru mwy yn y gwddf, tra bo'r lleill yn briodol yn dynwared y Lladinwyr gan lefaru ychydig rhwng y gwefusau, sydd yn cynhyrchu sain melys i wrandawyr.[20]

Bid a fo am felyster seiniau'r Gymraeg, ond go brin fod y Saeson yn ynganu eu hiaith hwy fel Lladinwyr! Dyma ymateb Dr John Davies, Mallwyd, yn 1621 i'r farn fod ynganiad y Gymraeg yn galed neu ansoniarus:

Ond, fe ddywedwch, y mae'r Frytaneg (h.y. y Gymraeg) yn
iaith arw ei hynganiad, yn drafferthus ac afrwydd, yn drwsgl ac
annymunol, yn anhyfryd a diflas. Oherwydd eu hanwybodaeth
y mae pobl yn dweud felly. 'Oblegid y mae pawb o'r farn fod
yr iaith y maent hwy yn ei deall yn bersain, yn hawdd ac yn
ddymunol'; ond am yr ieithoedd nad ŷnt yn eu medru, credant,
'yn unol â barn drahaus eu clustiau dynol', mai baldordd disynnwyr
a chwerthinllyd yw'r rheini – a hyn oll am y rheswm hwn yn unig,
sef nad ydynt yn eu medru... Fodd bynnag, yn hyn o fater y mae'n
rhoi anrhydedd ar yr iaith Frytaneg, yn gymaint â bod yr Hebraeg
hefyd – meistres, mam a chynddelw yr holl ieithoedd – yn cael ei
chyhuddo o fod yn arw, yn anodd ac yn annymunol... yr oedd yr
holl ieithoedd yn yr hen amser yn arw a thrwsgl. A hynny sy'n peri
fod gerwinder yn profi hynafiaeth.[21]

Nid fel ateb i Vergil yr ysgrifennwyd y geiriau uchod, ond mae'n
amlwg fod ynganiad y Gymraeg yn tynnu sylw anffafriol gan rai
gwŷr llên anghyfiaith. Troes John Davies eu beirniadaeth yn fater
o falchder yn nhras yr iaith. (Bellach, wrth gwrs, fe wyddom, nad
yr iaith Hebraeg oedd yr iaith gyntaf.)

Pan dry Vergil ei sylw at hanes cynnar y Brython mae'n
awyddus iawn, fel y gweddai i Ddyneiddiwr, i nodi ei ffynonellau,
gan bwysleisio eu hynafiaeth. Y pwysicaf o'r rhain yw Gildas (c.
495 – c. 570), nid yn unig am ei fod yn awdur mor gynnar, ond
am ei fod ef ei hun yn un o'r Brython. Ond er ei fod yn un
ohonynt, nid oedd ganddo air da i'w ddweud amdanynt. Yn ei
lyfr *De Exeidio Britanniae* (Dinistr y Brython) y mae'n llawdrwm
iawn ar ei genedl. Ei ddisgrifiad ohonynt yw, 'nid yn ddewr mewn
rhyfel, nac yn driw mewn heddwch' ('nec in bello fortes fuisse,
nec in pace fideles'). Barn Duw arnynt am eu pechadurusrwydd
oedd goresgyniad y Brython gan y Saeson yn ei farn ef. Prysura
Vergil i wneud y pwynt na ddylid ei ddal ef, Vergil, yn gyfrifol am
gollfarnu'r Brython – ailadrodd barn un ohonynt hwy eu hunain
yw'r hyn a wna ef.

Y mae Vergil, fodd bynnag, yn gwrthod un ffynhonnell amlwg,

sef llyfr Sieffre o Fynwy (1100 – 1155), *Historia Regum Britanniae* (Hanes Brenhinoedd Prydain) a ymddangosodd yn 1136. *Brut y Brenhinedd* yw teitl y fersiynau Cymraeg. Mae'r llyfr yn olrhain tras y Brython yn ôl at Aeneas, a ddihangodd i'r Eidal gyda'i fab Ascanius wedi cwymp Caerdroea. Ymsefydlodd ŵyr i Ascanius, o'r enw Brutus, ym Mhrydain (neu Albion fel y'i gelwid gynt), a dyna darddiad yr enw Prydain/Britain. Uchafbwynt llyfr Sieffre yw'r hanesion am y Brenin Arthur ac oes aur ei deyrnasiad. Y mae cyfiawnhad Vergil dros wrthod dilysrwydd llyfr Sieffre yn adlewyrchu dadleuon Valla dros wrthod dilysrwydd Dwned Cystennin.

Yr oedd gan Valla ddadl hanesyddol a dadl ieithyddol. Dwy elfen y ddadl hanesyddol oedd (a) annhebygolrwydd yr hanesion a (b) diffyg tystiolaeth annibynnol. Dan yr elfen gyntaf mae Vergil yn dweud fod hanesion Sieffre yn chwerthinllyd, a'i fod yn gosod mwy o fri ar rinweddau'r Brython na hyd yn oed rhai'r Rhufeiniaid a'r Macedoniaid ('feininge of them [y Brython] thinges to be laughed at' meddai hen gyfieithiad Saesneg).[22] Dan yr ail elfen mae Vergil yn dweud nad oes ronyn o dystiolaeth annibynnol i gefnogi straeon Sieffre.

Nid yw Livy, Dionysius o Halicarnassus na llu o rai eraill a ysgrifennodd yn ofalus am hynafiaethau Rhufeinig fyth yn cyfeirio at y Brutus hwn. Ac ni cheir dim yng nghroniclau'r Brython gan y collwyd eu holl gofnodion fel y dywed Gildas.[23]

Daw'r ddadl ieithyddol sydd yn ceisio tanseilio Sieffre yn ystod ymdriniaeth Vergil o hanes Cernyw. Cred Vergil ei fod wedi darganfod sail geiriol, a atgyfnerthir gan debygrwydd ieithoedd, sydd yn profi mai o Gâl ac nid o Gaerdroea y daeth y Brython i Brydain.

Yn y rhan yma yn unig (h.y., Cernyw) y pery hyd heddiw hil y Brython a ymsefydlodd gyntaf ar yr ynys o Gâl, os yr ydym i'w coelio... Maent yn dal wrth y traddodiad fod ymsefydlwyr cyntaf Prydain wedi dod o Armorica (Llydaw). Y prawf o hyn yw fod preswylwyr Cernyw yn arfer yr un iaith â Llydawiaid Ffrainc. Ac fe'i cadarnheir gan lawysgrif hynafol am hanes, lle y darganfûm wedi ei ysgrifennu nid 'CORNUBA' (Cernyw) ond 'CORNUGALLIA', felly, cyfansoddir yr enw o'r gair 'corn', ffurf y wlad, a 'Gâl', o'r lle y daeth y trigolion cyntaf.[24]

Credai Vergil fod pobloedd Brythonig Prydain wedi ymfudo yma o Lydaw ac roedd y ffurf 'Cornugallia' yn ei gadarnhau yn y dybiaeth, ac yn rhoi sail ieithyddol dros wrthod 'ffugiadau' Sieffre.

Trown yn awr at lyfr Humphrey Lhuyd. Mae yntau hefyd yn defnyddio annhebygolrwydd, diffyg tystiolaeth annibynnol a ieitheg fel dadleuon yn erbyn Vergil. A dechrau gyda tharddiad y Brython, mae'n gwrthod damcaniaeth Vergil fod y Brython wedi dod i Brydain o Lydaw a bod yr enw 'Britain' yn brawf mai o 'Brittany' yn daethant. Nid oes unrhyw dystiolaeth annibynnol i gefnogi'r ddamcaniaeth – i'r gwrthwyneb yn wir.

And here I can not passe over what one of thees fyne croniclers (h.y., Vergil) wrote of late of the name Britaine, affirming hit sholde be so called of Britaine in France as the elder name. But surely he had never seene Ptholome, no nor Casar nor any other auncient writer for there he mighte have learned that *when this land was called Britaine* the other was called Armorica, and howe in Maxentius tyme Conan Meriadic was the first that gave hit that name and inhabited hit with britons of this Ile.[25]

Mae'r elfen ieithyddol yn amlwg yn ymosodiadau Lhuyd ar Vergil. Pwynt ieithyddol sylfaenol a wna Lhuyd yw fod Vergil yn gwbl anghymwys i drafod hanes pobloedd Prydain oherwydd ei anwybodaeth o gymaint o ieithoedd brodorol Prydain (megis Cymraeg, Cernyweg, Manaweg a Gaeleg).

... he being firste a stranger born, and aswell ingorante in the
histories of the realme as of the diverse tonges and languages used
therein, could never set furthe the true and perfecte cronicle of the
same.[26]

Yr oedd Lhuyd yn medru Cymraeg, wrth gwrs. Canlyniad
amlycaf hynny oedd ei allu i astudio ffynonellau oedd ar gael bryd
hynny yn y Gymraeg yn unig, megis *Brut y Tywysogion* a *Historia
Gruffydd ap Cynan*. Cafodd y ddau waith yma eu cyfansoddi mewn
Lladin yn wreiddiol, ond cafodd y testunau hynny eu colli. Felly,
y testunau Cymraeg yw'r hynaf i oroesi. Dyma ffynonellau pwysig
oedd yn gloëdig i Vergil.

Geiriau sydd yn medru achosi cam gwag ieithyddol a hanesyddol
yw enwau lleoedd, fel y dangosodd Valla. Mae Lhuyd ar ei
uchelfannau yn dangos fel y bu i Vergil gwympo i gors wrth fethu
gwahaniaeth rhwng dwy ynys a elwid yn Lladin, gan wahanol
awduron, yn 'Mona', sef Ynys Môn ac Ynys Manaw. Yr enw a
ddefnyddia Vergil am Ynys Môn yw 'Angliseia' a 'Mona' am Ynys
Manaw. Felly, wrth adrodd hanes goresgyniad Ynys 'Mona' gan
Suetonius Paulinus, fel yr adroddwyd ef gan Tacitus, cred Vergil
mai hanes goresgyniad Ynys Manaw ydyw, ar waethaf y manylyn
hwn am y fyddin ymosodol:

A phan ddewisasant ymosod arni (h.y., yr ynys) gosodasant o'r
neilltu eu paciau, ac anfon o'u blaenau eu hategwyr (*auxiliariorum*)
gorau, rhai a wyddai am y basddyfroedd a chanddynt brofiad eu
cenedl o nofio. Tywysodd rhain weddill y fyddin i nofio drwy'r
dyfroedd dyfnach.[27]

Dyma sylwadau dirmygus Lhuyd:

Nowe whether is hit more reasonable thus to swymme over 200
passes (h.y., 'paces') or 20 myles, I knowe no man that beleueth
Polydore in this pointe: let them therefore by this judge the rest.[28]

29

Mae'n amlwg fod Polydore ei hun yn sylweddoli pa mor annhebygol y byddai i fyddin nofio i Ynys Manaw i'w goresgyn, felly mae'n tybio fod Ynys Manaw wedi symud ymhellach i ganol Môr Iwerddon ers dyddiau'r Rhufeiniaid!

Dyma beth a wna treigl amser: mae'r ynys yn awr bum milltir ar hugain o bellter o'r tir mawr er ei bod unwaith brin milltir i ffwrdd.[29]

Go brin y caed enghraifft odidocach o annhebygolrwydd!

Mae Vergil yn suddo yn ddyfnach yn y gors drwy ddatguddio anwybodaeth ddybryd o ddaearyddiaeth Ynys Môn. Ni fyddai'r fyddin Rufeinig wedi gorfod brwydro, meddai, i oresgyn Ynys Môn oherwydd mae'n anghyfannedd:

... oherwydd anffrwythlonder y tir, oherwydd prinder coed a chnydau o bob math gellir tybio nad oedd yn eiddo i ddynion, ond yn hytrach i dda blewog, sydd eto yn pori'r ynys anial, na chafodd erioed ei haredig.[30]

Ond yn ôl Lhuyd, ni allai Vergil fod ymhellach o'r gwirionedd. Mae ffrwythlondeb Ynys Môn yn ddiarhebol meddai:

Hit is also growen to a proverbe through Wales for the fertilness of the grounde, Mon Mam Cymry, that is to say Mone Mother of Wales.[31]

Nid oedd Lhuyd yn medru anwybyddu camgymeriad Vergil – 'I can not wynke at that notable errour',[32] ond y mae'n bosibl i ni ddeall sut yr achoswyd y dryswch. Wrth ddisgrifio ei ymweliad â Phrydain yn 55 a 54 C.C. mae Iŵl Cesar yn cyfeirio at 'ynys a elwir Mona sydd yn gorwedd hanner ffordd ar draws y môr sydd yn gwahanu Prydain ac Iwerddon.' Ynys Manaw yw'r ynys honno, nid Ynys Môn, ac nid oes amheuaeth ychwaith mai Ynys

Môn, nid Ynys Manaw, a olygai Tacitus wrth 'Mona'. Mewn Lladin diweddarach ceir y ffurfiau 'Monapia' a Monavia' am Ynys Manaw.[33]

Yr oedd Lhuyd, megis Biondo, yn ei elfen gyda'r defnydd o ddaearyddiaeth i oleuo hanes. Dengys y ffaith mai ef luniodd y map cyntaf o Gymru i gael ei argraffu (yn atodiad 1573 i *Theatrum Orbis Terrarum,* Abraham Ortelus yn Antwerp) drylwyredd ei adnabyddiaeth o'r wlad. Yn *Cronica Walliae* mae'n tynnu sylw at y modd y bu i dirwedd Gwynedd ddylanwadu ar ei hanes gwleidyddol.

> By this youe maye understand that Northwales hath bebe agreat wheile the chieffest seat of the last kings of Britaine *because hit was and is* the strongest countrey within this Ile, full of highe mountaines, craggy rockes, great woodes and deepe valleys, strayt and dangerous places, deepe and swifte rivers...[34]
> ... and was thelast peece of Wales that came under the dominion of the kings of Englande.[35]

Fel Biondo, nid yw Lhuyd am gyfyngu ei hun i dystiolaeth ysgrifenedig yn unig. Mae'n gwneud defnydd o dystiolaeth materol. Wrth amddiffyn y gred mai person hanesyddol oedd y Brenin Arthur mae'n cyfeirio ar y 'darganfyddiad' a wnaed yn y flwyddyn 1179 (1190/91 yn ôl Gerallt Gymro) o weddillion Arthur a'r groes blwm a dystiai mai corff Arthur ydoedd.

> And this yere beinge 1179 were the bones of noble Kinge Arthur and Gwenhwyvar his wief found in the Ile of Avalhon (that is to say, the Ile of Aples) without the Abbey of Glastonburye 15 fote within the earth in a holowe elder tree, and over the bones was a stone, and a crosse of leadde, with the writinge turned towardes the stone wherein were graven thees woordes:
>
> Hic iacet sepulus inclytus Rex Arthurus in insula Avalonia
> *(Yma gorwedd yn ei fedd yr enwog Frenin Arthur yn ynys Afallon)*

31

... Therefore let William Parvus and Polydor Virgill, with their complices, stoppe their lyinge mouthes, and desist to obscure and darken the gliteringe fame and noble reown of so invincible and victoriouse a prince, with the envyouse tetraction and vile sclannder of their vituperouse and venomouse tonges, thinkinge they may cover with the clowde of oblivion, and burye in the pytte of darkness, those noble actes and princely deedes, by their wilfull ignorance and dogged envye, whereof the trumpette of fame hathe sounded not onely in Britaine but throghe all Europa.[36]

Yr hyn sydd mor ddiddorol am ymdriniaeth Lhuyd a Vergil o Arthur yw eu bod ill dau yn defnyddio dulliau dyneiddiol o ddadlau. Ond yn ei amddiffyniad o Sieffre o Fynwy mae Lhuyd yn enghreifftio sylw Nauert am y derbyniad a gawsai dulliau ymchwil Valla weithiau:

The sceptical critical approach to documents that he conceived was too disruptive of tradition, too contrary to mental habits inherited from the Middle Ages, to be widely accepted.[37]

Mae ffyrnigrwydd rhethreg Lhuyd yn nodweddu llawer o ryddiaith hanesyddol y dyneiddwyr. Mae i'w gael yng ngweithiau Valla a Vergil, fel y gwelsom. Rhywbeth arall sydd i'w weld yw ymateb amddiffynnol yn wyneb yr hyn a welir weithiau fel agwedd drahaus awduron Eidalaidd tuag at ddiwylliannau eraill Ewrop. Er enghraifft, ar batrwm *Italia Illustrata* Biondo fe gynhyrchodd Conrad Celtis a'i gyfeillion *Germania Illustrata* a manteisio ar y cyfle i gystwyo rhai awduron Eidalaidd am ddifrïo arwyr yr Almaen drwy gyfeirio atynt fel 'barbariaid'. Fe wyddai Humphrey Lhuyd sut yr oeddynt yn teimlo!

Testunau

Humphrey Lhuyd (1559), *Cronica Walliae*, golygwyd gan Ieuan M. Williams (Caerdydd, Gwasg Prifysgol Cymru, 2002).

Lorenzo Valla (1440), *On the Donation of Constantine*, cyfieithiwyd gan G.W. Bowersock (Cambridge, Massachuetts, Harvard University Press, 2008). [Mae'r gyfrol hon hefyd yn cynnwys cyfieithiad o *Donawd Cystennin* fel atodiad.]

Polydore Vergil [1] (1555), *Anglica Historia*. Testun Lladin a Saeneg cyfochrog a olygwyd a chyfieithwyd gan Dana F. Sutton, Philolgical Museum, www.philological.bham.ac.uk/polverg

Polydore Vergil [2] (?), *Anglica Historia*. Vergil's English history, from an early translation, https://archive.org/details/polydorevergilse00vergrich

Nodiadau

[1] John Williams, *Ancient and Modern Denbigh* (Dinbych: J. Williams, 1856), t. 187.

[2] R. Geraint Gruffydd, 'Humphrey Llwyd of Denbigh: Some Documents and a Catalogue', *Trafodion Cymdeithas Hanes Sir Ddinbych* (Cyf. 17, 1968), td. 67.

[3] Williams, t. 189/90.

[4] Frank Price Jones, *Crwydro Gorllewin Dinbych* (Llandybie: Llyfrau'r Dryw, 1969), t. 260.

[5] D. J. Bowen, *Gwaith Gruffudd Hiraethog* (Caerdydd: Gwasg Prifysgol Cymru, 1990), t. 98-100.

[6] Ibid.

[7] NLW MS 13187E.

[8] R. Geraint Gruffydd, 'Humphrey Llwyd: Dyneiddiwr', *Efrydiau Athronyddol* (cyf. XXXIII, 1970), t. 57.

[9] Lhuyd, t. 82.

[10] Valla, Adran 49, t. 43.

[11] Valla, e.e., Adran 44 a 49, tt. 37 a 43.

[12] Valla, t. viii.

[13] Valla, Adran 45, t. 37.

[14] Valla, Adran 46, t. 38.

[15] Charles G. Nauert, Jr., *Humanism and the Culture of Renaissance Europe* (Caergrawnt: Cambridge University Press, 1995), t. 40.

[16] Rens Bod, *A New History of the Humanities* (Rhydychen: Oxford University Press, 2013), argraffiad clawr papur 2015, t. 150.

[17] Bod, t. 151.

[18] Bod, t. 153.

[19] Bod, t. 164.

[20] Vergil [1] Adran 8.

21 Ceri Davies, *Rhagymadroddion a Chyflwyniadau Lladin 1551-1632* (Caerdydd: Gwasg Prifysgol Cymru, 1980), t. 114.

22 Vergil [2] Adran 29.

23 Vergil [1] Adran 19.

24 Vergil [1] Adran 9.

25 Lhuyd, t. 67.

26 Lhuyd t. 65.

27 Vergil [1] Adran 12.

28 Lhuyd, t. 69.

29 Vergil [1] Adran 13.

30 Ibid.

31 Lhuyd, t. 69.

32 Ibid.

33 R.H. Kinvig, *The Isle of Man: A social, cultural and political history* (Lerpwl: Liverpool University Press, 1993) tt. 18-9.

34 Lhuyd, tt. 76-7.

35 Lhuyd, t. 70.

36 Lhuyd, t. 174.

37 Nauert, Jr., t. 40.

Y Gair yn y Llan: William Salesbury ac Addoliad yr Eglwys

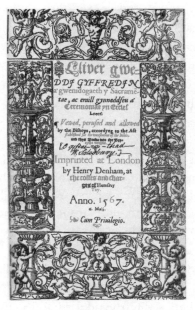

Wynebddalen *Llyfr Gweddi Gyffredin* 1567.
(Llun o gopi Llyfrgell John Rylands,Manceinion
a ddefnyddiwyd yn adargraffiad Gwasg
Prifysgol Cymru, 1965)

MAE'R RHAGYMADRODD LLADIN A ysgrifennodd yr Esgob Morgan wrth gyflwyno ei gyfieithiad o'r Beibl i'r Frenhines Elisabeth yn 1588 yn cynnwys y geiriau hyn:

> … trwy ffydd y mae pob un yn byw, a ffydd yn wir sydd trwy glywed, a chlywed trwy Air Duw: Gair na fu hyd yma ond o'r braidd yn seinio yng nghlustiau ein cydwladwyr, gan ei fod yn guddiedig mewn iaith estron.[1]

35

O rannau gwahanol yr Epistol at y Rhufeiniaid y daw'r geiriau hyn,[2] ond maent yn crynhoi dwy elfen sy'n greiddiol i'r Diwygiad Protestannaidd, o leiaf fel y cychwynnodd y mudiad dan arweiniad Martin Luther. Yr athrawiaeth fod cyfiawnhad i'w gael drwy ffydd yn unig yw un, a sicrhau fod yr ysgrythur a'r addoliad cyhoeddus ar gael yn y famiaith yw'r llall. Mewn Protestaniaeth mae'r ddwy elfen hyn yn annatod.

Nid dyna sut y gwelid pethau yn nhraddodiad Catholig yr Oesoedd Canol, wrth gwrs. Meddai Melville Richards a Glanmor Williams yn eu rhagymadrodd i argraffiad Gwasg Prifysgol Cymru (1965) o *Lyfr Gweddi Gyffredin* 1567:

> I wŷr yr Oesau Canol, nid oedd fawr o bwys fod y werin bobl heb ddeall y gwasanaeth, gan nad oedd hynny yn amharu mymryn ar effeithiolrwydd ordinhadau'r eglwys. Yn wir, gallwn gredu fod y werin hithau, a fagesid ym murmur soniarus yr hen Ladin, wedi ymserchu'n rhyfedd ynddo, er gwaethaf dieithrwch yr iaith.[3]

Y gair allweddol yma yw 'effeithiolrwydd'. I addolwyr yr Oesoedd Canol yr oedd effeithiolrwydd y gwasanaethau yn dibynnu ar ddau beth – dilysrwydd y ddefod a chywirdeb y geiriau a leferid. Ni welent ei bod yn angenrheidiol i leygwyr ddeall y geiriau hynny. Yr hyn a oedd o bwys oedd fod gofynion y defodau yn cael eu cyflawni. A dyma ni ar unwaith yn cyffwrdd prif brotest Luther, sef nad trwy ddefodau, h.y., trwy weithredoedd, y cyfiawnheir pechaduriaid, ond trwy ffydd yn unig.

Gwir darddiad ffydd yw Gair Duw, ond fel y dywedodd William Morgan, bu'r Gair hwn i'r Cymry am ganrifoedd yn 'guddiedig mewn iaith estron'. Cafodd y Gair ei dynnu o'i guddfan i'r Almaenwyr gan Martin Luther ym mis Medi 1522 gyda'i gyfieithiad o'r Testament Newydd i Almaeneg. Canlyniad uniongyrchol cael yr Ysgrythur yn iaith y bobl oedd galw am ddiwygio trefn yr addoliad cyhoeddus. Ymhen ychydig fisoedd, ar gyfer Pasg 1523, cyhoeddodd Luther draethawd, *Parthed Trefn*

Addoliad Cyhoeddus, ac fel yr ymledodd y Diwygiad Protestannaidd, gwelir fod cyfieithu'r Beibl a diwygio'r dull o addoli yn mynd gyda'i gilydd, law yn llaw.

Yn ei draethawd, mae Luther yn trafod y llygru a fu ar wasanaethau'r Eglwys yn gyntaf peth. Er mwyn dileu'r llygriadau hyn mae Luther yn amlygu nifer o egwyddorion. Dylid sicrhau fod pregethu Gair Duw a gweddïo ym mhob gwasanaeth. Hynny yw, mae angen darlleniad o'r Gair gyda phregethwr yn ei ddehongli. Mae syniadau Luther yma yn seiliedig ar ei ddehongliad o I Corinthiaid 14:27: 'Os oes rhywun yn llefaru â thafodau… bydded i rywun ddehongli.' I Luther yr oedd y darlleniad, a fyddai mewn Lladin wrth gwrs, yn enghraifft o 'lefaru â thafodau', ac yn ôl Paul dylid dilyn hyn gyda 'dehongliad', sef, ym marn Luther, cyfieithiad neu aralleiriad i iaith y bobl. Dyma batrwm a fyddai'n cael ei fabwysiadu mewn eglwysi a ddaethai o dan ddylanwad y Diwygiad.

Mae Luther yn argymell dau wasanaeth dyddiol, y naill am bedwar neu bump o'r gloch y bore a'r llall am bump neu chwech o'r gloch yr hwyr. Mae'n derbyn na allai pawb fynychu'r gwasanaethau oll, ond mae disgwyl i glerigwyr a myfyrwyr wneud hynny. Dylai darlleniadau'r gwasanaeth boreol fod o'r Hen Destament a rhai'r gwasanaeth hwyrol o'r Testament Newydd, gyda'r bwriad o ddarllen y Beibl drwyddo dros gyfnod o amser. Ni ddylai gwasanaethau barhau yn hwy nag awr. Ar y Sul, dylai'r holl gynulleidfa gyfarfod ar gyfer Offeren yn y bore a Gosber gyda'r hwyr. Ceid dau ddarlleniad penodedig o'r Testament Newydd yn yr Offeren, sef yr Epistol a'r Efengyl. Dylid cael pregeth arnynt yn y ddau wasanaeth – pregeth ar Efengyl y dydd yn y bore ac ar Epistol y dydd yn yr hwyr. Gweinyddid y sacrament yn ôl y galw amdano. Dylid dileu gwyliau'r saint a dod â'r arfer o gynnal Offeren feunyddiol i ben, oherwydd, meddai Luther, 'mae'r Gair yn bwysicach na'r Offeren.'

Yn ddiweddarach yn 1523, fe aeth Luther ati i amlygu ei syniadau am ddiwygio'r Offeren a gweinyddiad y Cymun Bendigaid mewn dogfen a adnabyddir fel y *Formula Missae et Communionis*. O ran sail ddiwinyddol y diwygiadau a fyddai'n cael eu hargymell, mae Luther yn ymwrthod â dehongliad o'r Offeren fel aberth. Yn unol â hynny, mae'n cyfeirio at yr allor fel 'Bwrdd yr Arglwydd' ac yn disgrifio'r Cymun fel 'Swper yr Arglwydd'. Serch hynny, mae'n geidwadol parthed llawer o nodweddion y dulliau traddodiadol o weinyddu'r Offeren. Nid oes ganddo farn gref meddai ar y defnydd o ganhwyllau, arogldarth ac urddwisgoedd (megis y casul). Nid yw'n collfarnu'r arfer o gyffes breifat i offeiriad cyn cymuno, ond mae'n anhapus gyda'r arfer o ychwanegu dŵr at win y Cymun cyn ei gysegru. Mae'n cydnabod mai cynrychioli'r dŵr a lifodd gyda'r gwaed o ystlys Iesu wedi iddo farw ar y groes oedd y bwriad, ond, meddai, bara a gwin yn unig a ddefnyddiodd Iesu yn y Swper Olaf, a'i esiampl ef a ddylid ei ddilyn.

Mae dau bwynt eithaf radical yn cael eu gwneud, fodd bynnag. Y pwynt cyntaf yw y dylid, yn groes i arfer eglwysig yr Oesoedd Canol, gynnig y cwpan yn ogystal â'r bara i leygwyr wrth gymuno. Yr ail bwynt yw datgan na ddylid darllen yr Epistol a'r Efengyl yn yr Offeren mewn iaith nad yw'r addolwyr cyffredin yn ei deall. Ond, wedi dweud hynny, Offeren Ladin, gydag Almaeneg yma ac acw yw'r *Formula Missae*, serch fod Luther yn mynegi ei obaith y ceid litwrgi Almaeneg maes o law. Caed hynny am y tro cyntaf ar 29 Hydref 1525 pan weinyddodd Luther yr Offeren mewn Almaeneg yn Eglwys y Ddinas yn Wittenberg.

Cyhoeddwyd testun y *Deutsche Messe* yn 1526. Bellach, fe geid mewn Almaeneg, y Testament Newydd, y gwasanaeth boreol (sef y Plygain), y gwasanaeth hwyrol (sef y Gosber) a'r Offeren. Yr hyn mae'n rhaid i ni ei sylweddoli yw mai yn yr addoliad cyhoeddus yn unig y byddai'r werin anllythrennog yn clywed y Gair yn eu mamiaith.

Mae'n syndod pa mor fuan, wedi ymddangosiad y Testament Newydd Almaeneg yn 1522, y cafwyd Testament Newydd Saesneg, sef cyfieithiad William Tyndale yn 1525. Yn wahanol i Luther, ni chafodd Tyndale gefnogaeth y llywodraethwr.

Condemniodd Harri VIII a'r awdurdodau eglwysig y gwaith ac ni chafwyd gobaith am Feibl Saesneg am yn agos i ddegawd, pan alwodd Confocasiwn Caergaint am gyfieithiad Saesneg yn 1534, flwyddyn wedi'r ysgariad brenhinol. (Dyma hefyd y flwyddyn ymddangosodd cyfieithiad Luther o'r Beibl cyfan.) Y flwyddyn ganlynol, cyhoeddodd Myles Coverdale ei gyfieithiad o'r Beibl cyfan i Saesneg (eithr nid o'r ieithoedd gwreiddiol). Fe'i cyhoeddwyd yng Nghwlen, a bu Coverdale yn ddigon beiddgar yn ei ragair i gyflwyno'r gwaith i Harri VIII. Ymatebodd y brenin yn ffafriol! Cyhoeddwyd yr ailargraffiad yn Lloegr yn 1537 gan ddwyn ar yr wyneb ddalen y geiriau, 'set forth with the King's most gracious licence'.

Ym Medi 1538 gorchmynnwyd fod copi o'r Beibl Saesneg i'w osod ym mhob eglwys blwyf yn y deyrnas, ac i'r diben hwnnw yr oedd gofyn paratoi fersiwn arall. Fe'i golygwyd gan Miles Coverdale ac fe gyfeirir ato, fel arfer, fel y Beibl Mawr. Gan ddilyn esiampl Luther, gorchmynnodd rhai esgobion fod yr Epistol a'r Efengyl yn yr Offeren yn cael eu darllen yn Saesneg. Yn 1543 daeth cyfarwyddyd i ddarllen Pennod o'r Beibl Saesneg yn ystod gwasanaethau'r Plygain a'r Gosber.

Gyda marwolaeth Harri VIII yn 1547 ac esgyniad Edward VI i'r orsedd, trodd Eglwys Loegr i gyfeiriad Protestannaidd pendant, ac agorwyd cil y drws i ddwyn yr iaith Gymraeg i mewn i'r addoliad cyhoeddus yng Nghymru. Mae'n amlwg fod William Salesbury wedi synhwyro i ba gyfeiriad yr oedd y gwynt yn chwythu. Meddai yn ei ragymadrodd i *Oll Synnwyr Pen* (1547):

A ny vynwch ymado yn dalgrwn deg a ffydd Christ, a ny vynwch yn lan syth na bo ywch ddim a wneloch ac ef, ac any vynwch tros gofi ac ebryfygy i ewyllys ef y gyd achlan, mynwch yr ysgrythur lan yn ych iaith… Pererindotwch yn droednoeth, at ras y Brenin ae Gyngor y ddeisyf cael cennat y cael yr ysgrythur lan yn ych iaith…[4]

Bu Cranmer ac eraill yn ddiwyd yn paratoi'r adnoddau ar gyfer sicrhau addoliad cyhoeddus uniaith Saesneg. Cynnyrch y gweithgarwch hynod hwn oedd *The booke of the common prayer and the administration of the Sacraments, and other rites and ceremonies of the Churche: after the use of the Churche of England* a ymddangosodd yn 1549, pan y cafwyd Deddf Unffurfiaeth i orfodi ei ddefnyddio. Mae'n gampwaith. Cywasgodd Cranmer *Missal* a *Brefiari* yr Eglwys Gatholig i greu mewn un llyfr strwythur syml o wasanaethau dirodres ond urddasol, a hynny mewn Saesneg syber. Mae rhagymadrodd iddo sy'n amlygu'r rhesymau dros ddiwygio'r gwasanaethau. Mae chwech ohonynt, ac maent yn adlais o ymresymu Luther. Mae'r rhagymadrodd yn gorffen gyda'r geiriau hyn:

Though it be appointed in the afore written preface, that al thinges shalbe read and song in the churche, in the Englishe tongue, to the end that the congregacion maie be thereby edified: yet it is not meant, but when men saye Matins and Evensong privately, they maie saie the same in any language that they themselves understande.[5]

Gellir galw Matins ac Evensong, sef Boreol a Hwyrol Weddi, yn wasanaethau'r Gair. Yr oeddynt (ac y maent hyd heddiw) yn cynnwys dwy lith yr un, y naill o'r Hen Destament a'r llall o'r Testament Newydd. Roedd gwasanaeth y Cymun Bendigaid, a elwid yn 'The Supper of the Lorde, and the holy Communion, commomly called the Masse' yn cynnwys dau ddarlleniad o'r Testament Newydd, sef yr Epistol a'r Efengyl.

Y darlleniadau hyn, yr Epistol a'r Efengyl yng ngwasanaeth y Cymun, oedd y testunau Beiblaidd cyntaf i Salesbury eu cyfieithu, ac fe'u cyhoeddwyd yn 1551 dan y teitl, *Kynniver llith a ban o'r yscrythur lan ac a ddarllenir* [yn] *yr Eccleis pryd Commun / y Sulieu a'r Gwilieu trwy'r flwyddyn / o Cambreiciad / W.S* . Dyma ddilyn esiampl Luther, wrth gwrs. Mae Salesbury hefyd yn dilyn egwyddor a osodwyd i lawr gan Luther i gyfieithwyr, sef na ddylid cyhoeddi cyfieithiad heb ei archwilio yn gyntaf gan rywun arall. Gwarentir arweiniad yr Ysbryd Glân, meddai, 'lle bo dau neu dri' – nid i unigolion. Felly, yn ei ragymadrodd Lladin, mae Salesbury yn gofyn i esgobion Cymru ac Esgob Henffordd drefnu i'r testun gael ei archwilio:

> Yn awr, trwy'ch graslonrwydd chwi, boed i'r fersiwn hwn gael ei archwilio'n ofalus fel, os yw'r cyfieithiad yn un ffyddlon, y caffo fyned allan wedi'i gadarnhau gan eich awdurdod chwi, er budd i laweroedd; neu os nad yw felly, y caffo'i gywiro neu ei ddiarddel.[6]

Mae'n pwysleisio mai gŵr o Wynedd yw, ac felly fe allai ei Gymraeg gael beirniadaeth annheg gan ddarllenwyr o Ddyfed. Er mwyn goresgyn anawsterau tafodieithol mae Salesbury yn gosod amrywiaethau tafodieithol ar ymyl y ddalen. Er enghraifft, ar ddiwedd yr Efengyl ar gyfer y Pumed Sul yn y Garawys ceir y frawddeg, 'Ac Ieshu a ymguddiadd ac aeth allan o'r templ'. (Ioan 8, 59) Gosodir seren wrth y gair 'allan', ac ar ymyl y ddalen roddwyd 'y maes'.

Ni wyddys i sicrwydd faint o ddefnydd a wnaed o *Kynniver Llith a Ban* yn yr eglwysi plwyf Cymreig. Yng Nghernyw arweiniodd gorfodi'r *Llyfr Gweddi Gyffredin* Saesneg ar yr eglwysi at wrthryfel gwaedlyd. Dymunent gadw'r gwasanaeth Lladin. Meddai datganiad y gwrthryfelwyr, '... we the Cornish men, whereof certain of us understand no English, utterly refuse this new English.'[7]

Mynd rhagddo wnaeth y gwaith o ddiwygio Eglwys Loegr. Yn y cyfnod hwn gellid dweud am y Diwygiad, fel y dywedwyd am ddatganoli, mai proses ac nid digwyddiad ydoedd. Ni welai'r brenin ifanc a'i gefnogwyr fod arfer a disgyblaeth yr Eglwys wedi chwynnu digon o elfennau Pabyddol. Un canlyniad i'r gwthio hwn i gyfeiriad mwy Protestannaidd oedd mynd ati i ddiwygio'r *Llyfr Gweddi Gyffredin*. Felly, yn 1552, fe gyhoeddwyd *Llyfr Gweddi Gyffredin* newydd. Mae naws llawer mwy Protestannaidd iddo na llyfr 1549. Er enghraifft, dilëwyd y gair 'masse' o deitl Gwasanaeth y Cymun, gwaharddwyd urddwisgoedd yr Offeren a gorchmynnwyd fod yr offeiriad i wisgo gwenwisg syml yn unig, ac yn lle gosod ei hun i wynebu'r dwyrain (h.y., a'i gefn at y gynulleidfa), yr oedd i osod ei hun ar ochr ogleddol Bwrdd yr Arglwydd (a hwnnw wedi ei osod ar ei hyd i gyfeiriad y dwyrain/ gorllewin yn hytrach na de/gogledd megis cynt). O ran yr Epistol a'r Efengyl nid oedd newid o bwys yn y testunau, ac ni fyddai *Kynniver llith a ban* wedi bod yn llai defnyddiol wrth ddefnyddio ail lyfr Edward VI.

Gyda marwolaeth annhymig Edward ac esgyniad ei hanner chwaer Gatholig, Mari, i'r orsedd, adferwyd y drefn Babyddol yn yr Eglwys. Wyddom ni ddim beth a wnaeth William Salesbury yn y cyfnod hwn. Gwyddom fod Richard Davies, un o frodorion Dyffryn Conwy ac un y deuai Salesbury i gysylltiad agos ag ef maes o law, wedi ffoi i'r Cyfandir. Nid yw'n amhosibl fod Salesbury, ym mherfeddion gogledd Cymru, wedi mynd ati yn y dirgel i gyfieithu'r gweddill o'r Testament Newydd. Diddymwyd y *Llyfr Gweddi Gyffredin* gan Mari yn 1553, ond gydag esgyniad Elisabeth yn 1558 adferwyd trefn Brotestannaidd Eglwys Loegr. Serch hynny, collodd *Llyfr Gweddi Gyffredin* 1552 ei le, ac fe gyhoeddwyd trydydd fersiwn ohono yn 1559. Roedd hwn yn rhyw fath o gyfaddawd rhwng llyfrau 1549 a 1552, ond yn gogwyddo fwy at 1549.

Yn 1563, dan arweiniad Humphrey Lluyd, Aelod Seneddol Dinbych, yn Nhŷ'r Cyffredin a'r Esgob Richard Davies yn Nhŷ'r Arglwyddi, cafwyd Deddf yn gorchymyn cyfieithu'r Beibl a'r gwasanaeth cyhoeddus (h.y., y *Llyfr Gweddi Gyffredin*) i'r Gymraeg. Meddai ail gymal y ddeddf:

> Be it further enacted by the Authority aforesaid, that every
> Minister and Curate within the Dioceses before said, where
> the Welsh Tongue is commonly used, shall from the feast of
> Whitsuntide next ensuing until the aforesaid Day of March, which

shall be in the Year One thousand five hundred sixty six, at all Times of Communion declare or read the Epistle and Gospel of the Day in the Welsh Tongue...[8]

Unwaith eto, yn achos *Llyfr Gweddi Gyffredin* Elisabeth, gallai *Kynniver llith a ban* fod yn ddefnyddiol oherwydd nid oedd yr Epistol a'r Efengyl yng ngwasanaeth y Cymun wedi newid fawr ddim ers y bumed ganrif. Ni enwir llyfr Salesbury yn y ddeddf, ond mae lle i gredu fod rhai esgobaethau, beth bynnag, wedi ei ddefnyddio. Gallwn ddychmygu'r argraff a wnaed ar gynulleidfa yn clywed yr Ysgrythur yn cael ei darllen yn gyhoeddus yn yr eglwys am y tro cyntaf mewn Cymraeg.

Gosodwyd y cyfrifoldeb am baratoi cyfieithiadau o'r Beibl a'r *Llyfr Gweddi Gyffredin* ar esgobion Cymru ac Esgob Henffordd, ond yr unig un ohonynt i wneud dim yn ymarferol oedd yr Esgob Richard Davies. Dan ei nawdd ef, a chyda'i gyfraniad ef fel cyfieithydd, llwyddodd Salesbury i gyfieithu'r *Llyfr Gweddi Gyffredin* a'r Testament Newydd. Cyhoeddwyd y *Llyfr Gweddi Gyffredin* ar 6 Mai 1567 a'r Testament Newydd ar 7 Hydref yr un flwyddyn. Mae un gwahaniaeth mawr rhwng trefn esblygiad addoliad Almaeneg a Saesneg ac addoliad yn y Gymraeg. Yr oedd y Testament Newydd cyflawn wedi ei gyfieithu i'r Almaeneg ac i'r Saesneg cyn dechrau dwyn y famiaith i mewn i addoliad cyhoeddus. Y gwrthwyneb oedd y drefn yng Nghymru.

Am gyfieithiadau Salesbury o'r Llyfr Gweddi a'r Testament Newydd gellir dweud hyn: mae safon y Gymraeg yn odidog. Llwyddodd i greu rhyddiaith sy'n glasurol fodern, sy'n gyfrwng i gyfleu aruchedd ei gynnwys drwy geinder ei fynegiant ac sy'n llyfn i wrando arno. Dyma osod sylfeini'r iaith lenyddol fodern.

Wrth gwrs, fel dyneiddiwr brwd, yr oedd Salesbury wedi meistroli technegau rhethreg, ond mae ganddo ddwy dechneg orgraffyddol i urddasoli ei Gymraeg (o leiaf fel y gwelai ef bethau) sef, cadw adlais o'r Lladin lle tybiai fod gair wedi ei fenthyca o Ladin yn wreiddiol, a thrwy gadw rhai terfyniadau Cymraeg Canol i osod parchusrwydd hynafiaeth ar y geiriau hynny. Disgwyliai i safon iaith gyfateb i sylwedd yr hyn a draethir – fel y dywedodd yn *Oll Synnwyr Pen*:

A ydych chwi yn tybiet nat rait amgenach eirieu, na mwy amryw ar amadroddion y drathy dysceidiaeth, ac y adrodd athrawiaeth a chelfyddodeu, nag sydd genwch chwi yn arferedic wrth siarad beunydd yn pryny a gwerthy a bwyta ac yfed? Ac od ych chwi yn tybyeit hynny voch tuyller.[9]

Yn Ynys Manaw ni ddilynwyd egwyddor Salesbury. Er i Esgob Manaw (John Phillips, Cymro o gyffiniau Penarlâg) gyfieithu'r *Llyfr Gweddi Gyffredin* i'r Fanaweg, gwrthododd y personiaid plwyf ei ddefnyddio, gan ddewis yn hytrach roi cyfieithiad llafar ar y pryd yn ystod y gwasanaethau. Collwyd cyfle felly i sefydlu iaith lenyddol fodern.

A throi at gyfieithiadau Cymraeg 1567, y *Llyfr Gweddi Gyffredin* oedd y mwyaf dylanwadol o'r ddau ar y pryd. Am yn agos i ddwy ganrif wedi 1567 roedd mwyafrif y werin Gymraeg ei hiaith yn anllythrennog, felly drwy'r glust yn y llan, ac nid drwy'r llygad yn y cartref, y derbynient y Gair. Mae'r cyfan o gyfieithiadau 1567 yn newydd. Nid ailargraffiad o *Kynniver llith a ban* yw Epistolau ac Efengylau y *Llyfr Gweddi Gyffredin*, ac fe ymddengys fod agwedd Salesbury tuag at ofynion cyfieithu wedi newid rhwng 1551 a 1567.

Rhoddodd Luther a Tyndale bwyslais ar barchu priod-ddull yr iaith y cyfieithir iddi. Meddai Luther, 'Pe bai'r Angel Gabriel wedi cyfarch Mair y Forwyn mewn Almaeneg, mi fyddai'n Almaeneg da!', hynny yw, rhaid i'r cyfieithiad fod yn llyfn. Yn bwysicach na hynny, rhaid cydnabod nad mewn geiriau unigol y gorwedd ystyr ymadrodd, eithr yn y frawddeg gyflawn. Yn ddiweddarach, fodd bynnag rhoes cyfieithwyr Genefa bwyslais mawr ar y syniad fod pob gair o'r Ysgrythur wedi ei ysbrydoli gan yr Ysbryd Glân. Cyhoeddasant gyfieithiad Saesneg clòs iawn o eiriau'r testunau gwreiddiol yn 1560, ac a adweinir fel 'Beibl Genefa'. Gwelir ôl syniadaeth Genefa ar Epistolau ac Efengylau *Llyfr Gweddi Gyffredin* Salesbury yn y modd y gosodir geiriau angenrheidiol i gyflawni ystyr yn y Gymraeg, ond heb eiriau yn cyfateb iddynt yn y testun Groeg, mewn bachau petryal. Er enghraifft, yn yr Efengyl ar gyfer y Trydydd Sul a'r ddeg wedi'r Drindod, sef hanes y Samariad Trugarog yn Luc 10, dodir y gair 'arnaw' mewn bachau petryal am nad oes gair cyfatebol yn y testun Groeg:

Ar un modd y Levit gwedy dyfod yn agos at y lle, aeth ac a edrychawdd [arnaw,] ac aeth heibio o'r tu arall.

Enghraifft arall o lynu'n glos at y testun Groeg yw gosod y fannod o flaen enw Iesu, rhywbeth na wnaed gan unrhyw gyfieithydd arall. Felly, mae Efengyl y Pumed Sul yn y Garawys yn diweddu fel hyn, 'a'r Iesu a ymguddiawdd, ac aeth allan o'r Templ'.

Gyda'r *Llyfr Gweddi Gyffredin* Cymraeg, yn wahanol i'r llyfr Saesneg, fe rwymwyd y Sallwyr. Mewn Hebraeg y cafodd y Salmau eu cyfansoddi yn wreiddiol, wrth gwrs. Bu hyn yn broblem i Salesbury a'r Esgob Davies gan mai gorchymyn Ddeddf 1563 oedd bod 'the Book of Common Prayer... as is now used within this realm in English... be truly and exactly translated into... the Welsh tongue'. Y broblem yw hyn: codwyd y Sallwyr a ddefnyddid yn y gwasanaeth Saesneg o'r Beibl Mawr ac felly mae'n seiliedig ar y Fwlgat Lladin, nid yr Hebraeg gwreiddiol. Ni allai cyfieithydd gydag argyhoeddiadau Salesbury fodloni ar gyfieithu cyfieithiad o gyfieithiad. Yr oedd cyfieithwyr Beibl Genefa wedi cyfieithu'n uniongyrchol o'r Hebraeg gwreiddiol, a dilyn eu hesiampl hwy a wnaeth Salesbury, fel mae'n egluro ar yr wynebddalen: '*Sallwyr neu Psalmae* David, *wedy ei Gambereigaw yn nesaf ac a 'allir, a' chadw'r bwyll, ir llythyr Ebrew: a'i ddosparth wrth y drefn y darlle*[n]*ir yn yr Eccles.*' Mae'n ddadleuol, felly, a oedd hyn yn gyson â gofynion y ddeddf: serch hynny, datgenir ar waelod y dudalen, 'Perused and allowed according to the

Quennes Majesties Iniuction'! Gellid amddiffyn Salesbury drwy ddadlau nad yw'r Sallwyr mewn gwirionedd yn rhan o'r Llyfr Gweddi Gyffredin.

Dyma un enghraifft o wahaniaeth yn y cyfieithiadau. Wrth gyfieithu'r ymadrodd am y cwpan yn y drydedd Salm ar hugain, meddai Beibl Genefa, ' my cup runneth over': meddai'r *Llyfr Gweddi Gyffredin*, 'my cup shall be full'. Yr hyn a gafwyd gan Salesbury oedd:' [a'] m phiol a orllenwir...' (Yng nghyfieithiad diweddarach William Morgan (1588) ceir, 'fy phiol sydd lawn'.)

Meddai Isaac Thomas am Salmau Salesbury, '... yn sicr mae sigl y Salmau Hebraeg wedi ei gyfleu yn ddigamsyniol yn Sallwyr 1567... Yn wir, po fwyaf y darllenir ar Sallwyr 1567, mwyaf yr enillir y darllenydd gan gyfaredd ei sain a'i synnwyr. Yn sicr, gwelir camp Salesbury fel cyfieithydd yr Ysgrythurau ar ei disgleiriaf yn y fersiwn rhagorol hwn'.[10]

Yr oedd cyfieithu'r *Llyfr Gweddi Gyffredin* yn gofyn am gyfieithu mwy na thestunau Beiblaidd yn unig, wrth gwrs. O'r Saesneg y cyfieithwyd y gweddïau, y rhuddellau a'r rhagymadroddion. Bu rhai o dermau Cymraeg Salesbury yn llwyddiant mawr, megis ei gyfieithiad o *Minister* fel 'Gweinidawc' a *The Holy Communion* fel 'Y Comun bendigeid'. Er fod Cranmer wedi ei ferthyru cyn i Elisabeth esgyn i'r orsedd, ei Saesneg urddasol, melodaidd, cyfareddol ef sy'n nodweddu Llyfr 1559, sef y fersiwn a gyfieithodd Salesbury. Gorchest fawr Salesbury oedd medru trosglwyddo cymaint o ragoriaethau Saesneg Cranmer i'w gyfieithiad Cymraeg ef. Meddai'r Athro Geraint Gruffydd, '... Cranmer found in Salesbury a not unworthy interpreter. His Prayer Book is surely one of the major triumphs of humanist prose in Welsh'.[11]

Nid yw Salesbury yn dilyn Saesneg Cranmer yn ddieithriad, fodd bynnag. Daw un enghraifft o amharodrwydd i lynu wrth Cranmer yn y weddi am dangnefedd sy'n digwydd yng ngwasanaeth y Foreol

Weddi. Mae'r weddi a elwir 'Collecte for Peace' yn dechrau gyda'r geiriau:

> O God, whiche art authour of peace, and lover of concord, in knowledge of whom standeth our eternal lyfe, whose service is perfect freedom:

Cyfieithiad Salesbury o'r geiriau hyn yw:

> Duw yr hwn wyt Awdur tangneddyf, a charwr cytundeb, yr hwn oth iawn adnabot y mae ein buchedd tragywydd yn sefyll arnaw, ath wasanaeth yw gwir vraint:

Nid yw 'ath wasanaeth yw gwir vraint' yn gyfieithiad manwl o 'whose service is perfect freedom'.[12] Beth sydd i'w gyfri am y gwahaniaeth?

Enghraifft arall ydyw o Salesbury yn mynd heibio'r Saesneg at y testun gwreiddiol – Lladin yn yr achos hwn. Mae'r weddi hon yn hynafol iawn ac yn ymddangos mewn testun cynnar o'r offeren Rufeinig, y *Sacramentarium Gelasianum*, a luniwyd rhywbryd rhwng y chweched a'r wythfed ganrif (ond a gyplysir weithiau, ar gam, gyda'r Pab Gelasius a deyrnasai yn y cyfnod 492–6). Yn y Lladin gwreiddiol mynegir y cymal dan sylw fel 'cui servire regnare est', sef yn llythrennol, yn Saesneg, 'to serve whom is to reign', ond a gyfieithwyd gan Cranmer fel, 'whose service is perfect freedom'. Mae'n amlwg nad oedd Salesbury yn fodlon ar y cyfieithiad hwn, ac felly (yn groes i ofynion Deddf 1563) fe roddodd gynnig ar gyfieithu'r Lladin gwreiddiol.[13] (Y mae colect yn y Brynhawnol Weddi hefyd am dangnefedd, ond mae'n weddi wahanol. Gwelir cyfieithiad Cymraeg Canol ohoni yn *Gwassanaeth Meir*, sef Cymreigiad o'r *Officium Parvum Beatae Mariae Virginis*. Yn ddiddorol iawn, lle mae Salesbury wedi defnyddio'r gair 'tangnefedd', defnyddiodd y cyfieithydd cynharaf y gair 'heddwch'.)[14]

Gwelir enghraifft bellach lle'r ymddengys fod llygad Salesbury ar y Lladin yn hytrach na'r fersiwn Saesneg, fel yr hawlia Ddeddf 1563, yn ei gyfieithiad o Gredo'r Apostolion. Yn Saesneg, yn y Foreol a'r Hwyrol Weddi (1552 a 1559), mae'r Credo hwnnw yn gorffen gyda'r geiriau:

I beleve in the holy Ghoste. The holy Catholique Churche. The communion of sainctes. The forgivenesse of sinnes. The resurrection of the body. And the life everlasting. Amen

Meddai Salesbury:

Credaf yn yr yspryt glan, yr Eccleis lan gatholic cymmyn sainct, maddeuant pechotau. Cyvodiat y cnawd, a bywyt tragwyddawl. Amen

Y geiriad a geir yn y Lladin Catholig traddodiadol, a hefyd yn fersiwn Lladin y *Llyfr Gweddi Gyffredin*, yw *'carnis resurrectionem'*. *'Carno'* yw'r gair Lladin am 'cnawd', sef *'flesh'* yn Saesneg. Y gair Lladin am 'corff' yw *'corpus'*, sef *'body'* yn Saesneg. Rhaid dweud felly fod Salesbury yn ymddangos yn fwy manwl gywir yma na'r Saesneg. Yn ddiddorol iawn, pan ymddengys geiriau'r Credo yn y Gwasanaeth Bedydd yr ymadrodd a geir yn fersiynau Saesneg 1549, 1552 a 1559 yw *'resurreccion of the fleshe'*.

Mae'n ddiddorol nodi fod y fersiwn Cymraeg o Gredo'r Apostolion a gaed ugain mlynedd ynghynt yn *Yny Lhyvyr Hwnn* (1547) hefyd yn defnyddio'r gair 'cnawd':

Credaf yn ?[yr] yspryt glan. A bod un eglwys lan gatholic. Ac ynddi gyffredinrwydd y sainct, a maddeueint pechodeu. Ac y kyvyd pawb yn eu knawt. Ac y kayff yr etholedigion vywyt tragwyddawl.

Parhaodd cyfieithiadau Cymraeg 1599 a 1621 i gyfieithu 'carnis' fel 'cnawd', nid 'corff'. Pan gyhoeddwyd cyfieithiad

Cymraeg y pedwerydd fersiwn o'r *Llyfr Gweddi Gyffredin* (1662) a ymddangosodd yn 1664 gwelir fod y Gymraeg yn cydweddu â'r Saesneg – 'Credaf yn... atgyfodiad y corff'.

Y mae enghraifft dda o gywreinrwydd cyfieithiad Salesbury i'w gweld yn yr anogaeth ar ddechrau'r Foreol Weddi a'r Gosber i gyffesu ein pechodau. Meddai'r Saesneg:

Derely beloved Brethren, the Scripture moveth us in sondry places, to acknowledge and confesse our manifolde sinnes and wickedness, and that we should not dissemble, nor cloke them before the face of almighty God our heavenly father...

Cyfieithiad Salesbury yw:

Vy anwyl gariadus vrodyr, y mae'r Scrythur lan yn eyn cynhyrfu, mewn amrafael vannau, i gydnabod ac i gyffesu eyn aml bechotau a'n enwiredd, ac na wnelem na'i cuddio nai coluro yngwydd yr oll alluawc dduw eyn Tad nefol...

Yr hyn a geir yn fersiwn 1599, a olygwyd gan William Morgan, ac a arferwyd hyd 1984, yw:

... na wnelem na'u cuddio na'u celu...

Onid yw 'coluro' yn rhagori ar 'celu' fel cyfieithiad o 'dissemble'? Wedi'r cyfan, gair arall am 'cuddio' yw 'celu'.

Ceir dau ychwanegiad i'r Llyfr Gweddi Saesneg yng nghyfieithiad Cymraeg Salesbury. Digwydd un ohonynt yng nghalendr y gwyliau eglwysig. Ar gyfer 1af Rhagfyr nodir Gŵyl Sant Grwst (mabsant Llanrwst). Fe'i dilëwyd yn argraffiad 1664.

Mae'r ail ychwanegiad yn fwy sylweddol. Ar ddechrau'r Llyfr Gweddi Cymraeg mae Adran Saesneg nad yw i'w gweld yn y Llyfr Gweddi Saesneg: '*An explanation of certaine wordes being quareled with withall, by some, for that in this translation they be otherwyse wrytten, then either the unlettered people, or some partes of the Countrey sound or speake them.'* Ni ellir trafod gwaith Salesbury fel cyfieithydd heb gyfeirio at y cwmwl sydd dros y cyfan, sef ei ymgais i ddiwygio orgraff yr iaith. Y broblem yw fod gwerthoedd dyneiddiol Salesbury fel un o wŷr y Dadeni Dysg yn aflesol wrth iddo geisio ateb gofynion efengylaidd y gwerthoedd Protestannaidd a gofleidiai yn ogystal. Er gwaethaf ei ymdrechion i egluro ac i gyfiawnhau ei orgraff mae lle i ofni na wnaeth yr orgraff honno gyfiawnder â'i gyfieithiad.

Os mai trwy'r glust y daw iachawdwriaeth, i fwyafrif llethol y boblogaeth, yn y llan y caed y cyfle i sicrhau hynny – ond ar un amod, sef bod yr addolwyr yn deall yr hyn a glywent. Ni allwn ni fod yn hollol sicr fod hynny'n digwydd bob amser yng Nghymru wedi 1567 nes i gyfieithiad William Morgan o'r Beibl ymddangos yn 1588 a'i gyfieithiad diwygiedig o'r *Llyfr Gweddi Gyffredin* yn 1599. Ond cydnebydd Morgan mai cyfieithiad Salesbury a ddefnyddiodd yn achos y Testament Newydd: dim ond diwygio'r campwaith hwnnw a wnaeth ef, a'r un modd gyda'r Llyfr Gweddi.

Nodyn ar fersiynau o'r Llyfr Gweddi Gyffredin

Y Llyfrau Saesneg

1549 Y Llyfr Gweddi Cyntaf (Edward VI).

1552 Yr Ail Lyfr Gweddi (Edward VI).

1559 Y Trydydd Llyfr Gweddi (Elisabeth I).

1604 Y Pedwerydd Llyfr Gweddi (Iago I).

1661 Y Pumed Llyfr Gweddi (Siarl II). Yng Nghymru defnyddiwyd y fersiwn hwn tan 1984, ac mae awdurdod i'w ddefnyddio o hyd os dymunir hynny.

Y Cyfieithiadau Cymraeg

1567 Cyfieithiad Salesbury o fersiwn Saesneg 1559 [Y Trydydd Llyfr]. Ailargraffwyd 1586.

1599 Fersiwn diwygiedig Morgan o gyfieithiad Cymraeg 1567.

1621 Cyfieithiad o fersiwn Saesneg 1604 [Y Pedwerydd Llyfr]. Ailargraffwyd 1630, 1634.

1664 Cyfieithiad o fersiwn Saesneg 1661 [Y Pumed Llyfr]. Ailargraffwyd sawl gwaith.

Nodiadau

1   Ceri Davies, *Rhagymadroddion a Chyflwyniadau Lladin 1551–1632* (Caerdydd: Gwasg Prifysgol Cymru, 1980), t. 66.

2   Rhufeiniaid 1:17, 10:17.

3   Melville Richards, a Glanmor Williams (goln.), *Llyfr Gweddi Gyffredin 1567* (Caerdydd: Gwasg Prifysgol Cymru, 1965), tt. xvi - xvii.

4   Garfield H. Hughes (gol.), *Rhagymadroddion 1547-1659* (Caerdydd: Gwasg Prifysgol Cymru, 1951), tt. 11-2.

5   *The First and Second Prayer Books of Edward VI* (Llundain: The Prayer Book Society, 1999), t. 5.

6   Ceri Davies, op. cit., t. 19.

7   A. L. Rowse, *Tudor Cornwall* (Llundain: Jonathan Cape, 1943), Pennod 11.

8   Gweler testun cyflawn y Ddeddf yn A. O. Evans, A Memorandum on the legality of the Welsh Bible and the Welsh version of the Book of Common Prayer (Caerdydd: William Lewis, 1925), tt. 72-7.

9   Garfield H. Hughes, op. cit., t. 10.

10 Isaac Thomas, *Yr Hen Destament Cymraeg 1551-1620* (Aberystwyth: Llyfrgell Genedlaethol Cymru, 1988), t. 132.

11 R. Geraint Gruffydd, The Welsh Book of Common Prayer, 1567', *Journal of the Historical Society of the Church in Wales*, vol. XVII, no.22, t. 53.

12 Yng nghyfieithiad Ffrangeg y *Llyfr Gweddi Gyffredin* cyfieithir y cymal fel hyn, 'et dont le service est une Liberté parfaite...'

13 Ni ddiwygiwyd geiriad Salesbury yn y weddi hon mewn fersiynau o'r *Llyfr Gweddi Gyffredin* hyd at un 1984. Mae'n eironig fod fersiwn dewisol 2009 o'r Foreol Weddi wedi mabwysiadu cyfieithiad llythrennol o'r Saesneg ('ath wasanaethu yn rhyddid perffaith') pan nad oedd hynny yn ofynnol bellach yn ôl y gyfraith! (Yr wyf yn ddyledus i'r Parchedig Dyfrig Lloyd am yr wybodaeth hon.)

14 Brynley F. Roberts (gol.), *Gwassanaeth Meir* (Caerdydd: Gwasg Prifysgol Cymru, 1961), t. 21.

'Deuparth Bonedd yw Dysg': Henry Salesbury, Dolbelydr

Dolbelydr. (Mair Matthews)

'DEUPARTH BONEDD YW DYSG' oedd arwyddair Ysgol Ramadeg Dinbych gynt. Yr oedd y geiriau wedi eu gosod ar y bathodyn a wisgai bob un ohonom ar ein blaser ysgol, ond rwy'n amau'n fawr a olygent lawer i ni fel plant. Yn wir, nid wyf yn sicr fod y cysylltiad rhwng y ddau gysyniad, dysg a bonedd, yn glir iawn i oedolion chwaith.

Yn hanesyddol, yng nghyfnod y Tuduriaid y gwelir y cyswllt rhwng y ddau gysyniad yn dod i'r amlwg. Yn yr Oesoedd Canol, yr hyn a ymfalchïai'r uchelwyr ynddo oedd eu doniau milwrio, eu tiroedd a'u tras. Mewn cyfnodau o heddwch gellid cyfuno'r ddau ddiddordeb cyntaf wrth hela a chwarae paled. Byddai llwyddiant yn y meysydd hyn yn gofyn am hyfforddiant, ymarfer cyson a thalent, wrth gwrs. Byddai hefyd gofyn fod uchelwr â'r deallusrwydd ymarferol i weinyddu ystad, i gynnal tenantiaid a'r gymuned ehangach a edrychai i'r plastai am nawdd a chynhaliaeth. Rhaid oedd cadw swyddogion y Goron yn hapus yn ogystal. Llwyddiant yn y meysydd hyn a wnâi fonheddwr.

Nid oedd yr uchelwyr fel dosbarth yn hollol amddifad o ddiddordebau mwy 'celfyddydol' fodd bynnag. Yng Nghymru, yr oeddynt yn fodlon talu i fardd proffesiynol gyfansoddi cywyddau mawl, cywyddau gofyn a marwnadau. Gallent hefyd fod yn hael eu nawdd i'r celfyddydau cain, yng nghyswllt addurno eglwysi, er enghraifft, yn enwedig os oedd hynny'n golygu codi cofeb deuluol, neu'n cynnig gobaith o ysgafnhau poenau Purdan. Ond talu i eraill gynnal diwylliant oedd hynny, nid gweithredu uniongyrchol. Byddai rhai yn ymfalchïo yn y cyfle i noddi bachgen galluog o'u hystad a lwyddasai i ennill lle ym Mhrifysgol Caergrawnt neu Rydychen. Yn fynych byddai meibion iau y plastai, y rhai na fyddent yn etifeddu'r ystad a'r cyfrifoldebau a'r breintiau oedd yn mynd gyda hynny, yn cael eu hanfon i'r prifysgolion. Dilyn gyrfa eglwysig o ryw fath fyddai dyfodol mwyafrif llethol y bechgyn hynny, ond gallai gyrfa o'r fath gynnig ystod eang o swyddogaethau. Er enghraifft, gellid astudio'r Gyfraith Ganonaidd mewn prifysgol, ac yn yr Oesoedd Canol yr oedd honno'n cwmpasu sawl agwedd ar fywyd cymdeithas. Dibynnai'r wladwriaeth yn llwyr ar glerigwyr i gynnal y weinyddiaeth wladol. Hyd heddiw byddwn yn galw ambell ysgrifennydd yn 'glerc'.

Yn ystod y bymthegfed ganrif fe ymledodd gwerthoedd mwy seciwlar mewn bywyd cyhoeddus o'r Eidal. Mynegiant o'r agwedd newydd hon oedd llyfr syfrdanol o onest Niccolò Machivelli (1469-1527), *Il Principe* ('Y Tywysog') (1513), ar lywodraethu llwyddiannus. Nodwedd arswydus y llyfr oedd safbwynt agored yr awdur fod yn rhaid i'r tywysog weithredu weithiau yn groes i safonau moesoldeb Gristnogol er lles y wladwriaeth. Roedd tywysogion wedi gwneud hynny ar hyd yr oesoedd, wrth gwrs, ond yr oedd Machiavelli yn barod i gyfiawnhau hynny.

Mae'n amlwg fod y seciwlareiddio a ddigwyddasai mewn bywyd cyhoeddus yn deillio yn rhannol o'r ailddarganfod a fu yn yr Eidal o oludoedd yr hen wareiddiad clasurol. Gwareiddiad paganaidd oedd hwnnw, ond roedd yn ogoneddus. Daeth nifer o ddeallusion i deimlo awydd i ailafael yn rhai o'r gwerthoedd sifil a gyfrannodd at fawredd Rhufain gynt. Gallent fod wedi lleisio cri'r seiri yng ngherdd T. Gwynn Jones, 'Tir Na N-Og': 'Mynnwn ni eu meini'n ôl'. Gwelwyd esblygiad dosbarth newydd o leygwyr a osodai fri ar wasanaeth dinesig a gwladol. Teimlent fod gwasanaeth dinesig, lawn cymaint â galwedigaeth eglwysig, yn anrhydeddus ac yn weithgarwch priodol i leygwyr. Ond beth oedd y cymwysterau angenrheidiol i fod yn weinyddwr dinesig, yn llysgennad ac yn gynghorwr i lywodraethwr? Sut ddyn ddylai cwrtiwr modern fod?

Cynigiwyd delwedd o'r cwrtiwr delfrydol mewn llyfr a gyhoeddwyd yn yr Eidal yn 1528, *Il libro del cortegiano* (Llyfr y Cwrtiwr), gan Baldassare Castiglione (1478–1529). Cawsai Castiglione brofiad o wasanaethu yn llysoedd Milan (1492–9), Mantua (1500–4 a 1516–24) ac Urbino (1504–15). Ymwelodd â llys Harri VII yn Lloegr yn 1506, ac o 1524 ymlaen ef oedd llysgennad y Pab yn llys yr Ymerawdr Glân Rhufeinig, sef Siarl V. Bu ei lyfr mewn cylchrediad ar ffurf llawysgrif er 1518, a bu ymgais i'w argraffu heb ganiatâd Castiglione, ond unwaith y cytunodd i'w argraffu bu'r gyfrol yn llwyddiant ysgubol. Meddai un o'i gyfieithwyr i'r Saesneg, George Bull:

> *The Courtier* has gone through scores of editions and translations: has exercised a profound influence on European sensibilities; and ranks as the most representative book of the Renaissance.[1]

Cafwyd y cyfieithiad Saesneg cyntaf yn 1561 gan Syr Thomas Hoby, ond yr oedd syniadau Castiglione eisoes yn dylanwadu ar ddeallusion Seisnig megis y llysgennad, Syr Thomas Elyot, awdur *The Governour* a gyhoeddwyd yn 1531.

Mae'r llyfr ar ffurf pedair deialog ddychmygol rhwng personau hanesyddol. Un o'r rhain yw pendefig o Verona, Lodovico di Canossa, y cyfeirir ato yn y deialogau fel 'yr Iarll'. Yn y ddeialog gyntaf mae'n cyfeirio at rai o gymwysterau'r cwrtiwr fel hyn:

Hoffwn i'n cwrtiwr ragori ar yr ysgolor cyffredin, o leiaf yn y meysydd hynny a elwir gennym yn ddyniaethau; a dylai fod ganddo wybodaeth o Roeg yn ogystal â Lladin, gan fod cymaint o wahanol bethau wedi eu cyfansoddi mor gain yn yr iaith honno. Dylai fod yn gyfarwydd iawn â'r beirdd, ac areithwyr a haneswyr yn ogystal, a hefyd gyda'r ddawn i gyfansoddi barddoniaeth a rhyddiaith, yn enwedig yn ein hiaith ni ein hunain.[2]

Dyma enwi tri maes, felly: y dyniaethau, yr ieithoedd clasurol (Lladin a Groeg), 'ein hiaith ni ein hunain' (Eidaleg). Mae cynnwys rhagoriaeth mewn Eidaleg fel cymhwyster mewn cwrtiwr yn arwyddocaol iawn. Yn ystod yr unfed ganrif ar bymtheg daeth yr hyn a elwid yn 'gwestiwn yr iaith'(*questione della lingua*), yn fater o drafodaeth frwd ymysg y deallusion. Yr oedd Eidalwyr yn ymwybodol iawn fod eu hiaith feunyddiol, pa bynnag dafodiaith a arferent, yn byw yng nghysgod ei rhiant ogoneddus, Lladin. Bu cyfnod pan ystyrid Eidaleg yn rhy amrwd i ddisodli Lladin fel iaith diwylliant a dysg. Er enghraifft, yr oedd Flavio Biondo (1392–1463), awdur llyfrau ar henebion, hanes a daearyddiaeth yr Eidal, yn Lladinwr brwd, ac ni welai ef unrhyw urddas yn yr iaith Eidaleg. Ond, y gwir yw, yr oedd yr iaith Eidaleg eisoes wedi dangos fod ganddi'r adnoddau i fod y gyfrwng llenyddol o'r radd flaenaf ym marddoniaeth Dante (1265–1321) a rhyddiaith Boccaccio (1313–75). Serch hynny, yng nghyfnod Castiglione nid oedd safon Eidaleg llenyddol wedi ei sefydlu. Yr oedd, ac y mae, gan yr iaith lafar nifer o dafodieithoedd ac nid oedd cytundeb cyffredinol ar sut y gellid eu gweu yn un iaith lenyddol safonol.

Yr oedd amrywiaeth mawr felly yn arddull Eidaleg ysgrifenedig y cyfnod. Yr oedd bri arbennig ar dafodiaith Toscana yn enwedig Toscaneg Boccaccio a ysgrifennai ddwy ganrif yn flaenorol. Teimlai rhai, nad oeddynt yn arfer tafodiaith Toscana, y dylid closio yn nes at Ladin clasurol. Felly, dywedodd Mario Equicola (1470–1525) ei fod yn anghytuno â 'dynwaredwyr' Toscaneg, a lle y byddent hwy yn ceisio ymbellhau oddi wrth y ffurfiau Lladin, byddai ef yn closio fwyfwy at y Lladin. Hynny yw, os am ddefnyddio ffurf o Eidaleg o gwbl, dylai fod yr Eidaleg honno yn arddangos ei thras Ladinaidd. Mae hon yn agwedd debyg iawn i un William Salesbury yn achos y Gymraeg, wrth gwrs. Eithr y mae dyled y Gymraeg i Ladin yn dra gwahanol i ddyled yr Eidaleg i'r iaith honno.

Barn eraill oedd y dylid mabwysiadu Toscaneg cyfoes yn sail Eidaleg llenyddol cenedlaethol. Fel y gellid disgwyl, yr oedd brodorion Toscana yn ffafriol iawn i'r ffordd hon o ddatrys y 'cwestiwn ieithyddol', ac o'i phlaid yr oedd naturioldeb. Dyma Eidaleg oedd yn gyfrwng cyfathrebu byw yn o leiaf un rhan o'r Eidal. Ond yr oedd brogarwch awduron rhannau eraill o'r Eidal yn milwrio yn erbyn yr ateb hwn i'r broblem. Yr oedd Castigilione, a ddeuai o Mantua, o blaid iaith urddasol y llys, *lingua cortigiana*, a gwrthwynebai fabwysiadu unrhyw un dafodiaith lafar yn safon genedlaethol. Dymunai weld Eidaleg helaeth ac amrywiol ei geirfa, heb hepgor cyfraniad geirfa'r Lladin. Cymharer parodrwydd Salesbury i gynnig amrywiaeth geirfa ar ymyl tudalennau Testament Newydd 1567, arfer nas dilynwyd gan William Morgan yn 1588.

Y syniadau a orfu maes o law oedd rhai'r uchelwr o Venetia, Pietro Bembo (1470-1547). Ei farn ef oedd y dylid mabwysiadu'r Eidaleg syber a geir yn rhyddiaith Boccaccio a barddoniaeth Petrarca, sef Toscaneg y Trecento (y bedwaredd ganrif ar ddeg), a hynny yn rhydd o ddylanwad Lladin a thafodieithoedd. Amlygodd reolau'r iaith lenyddol hon, gyda dadansoddiad manwl o iaith Boccaccio a Petraca, yn ei lyfr *Prose della volgar lingua* (1525). Ni ellir gorbwysleisio pwysigrwydd y gyfrol hon. Sefydlodd batrwm a safon i'r iaith lenyddol genedlaethol o hynny ymlaen. Nid cymwynas â'r iaith yn unig oedd hon, ond cymwynas â'r genedl. Cofier nad oedd yr Eidal yn wladwriaeth genedlaethol cyn y bedwaredd ganrif ar bymtheg, a'r unig sefydliad cenedlaethol a feddai'r Eidalwyr oedd eu hiaith. Unwaith eto, cymharer eu sefyllfa hwy â sefyllfa Cymru.

Mae Bembo yn ymddangos fel cymeriad yn *Llyfr y Cwrtiwr*, ac yr oedd ef a Castigilione yn gyfeillion. Gofynnodd Castigilione iddo ddarllen sawl drafft o'r llyfr cyn iddo fentro ei gyhoeddi. Wrth gwrs, yr oedd ymddangosiad y wasg argraffu wedi peri fod angen i ieithoedd brodorol sicrhau orgraff sefydlog, ond yn betrusgar y mentrodd awduron i ddefnyddio'r famiaith at ddibenion dysg a diwylliant. Yn ei lyfr *Diologo delle Lingue* (1542) mynegodd Sperone Speroni (1500–88) ei hyder yng ngallu ieithoedd brodorol i fod yn gyfrwng dysg a llên.

Byddai dadleuon fel hyn yn cael eu hailadrodd y tu hwnt i'r Eidal gydag ymlediad y Dadeni. Yn Ffrainc cyhoeddodd Joachim du Bellay (*c.* 1522–60) ei *Défense et illustration de la langue française* (Amddiffyniad enghreifftiol o'r iaith Ffrangeg), (1549). Yr oedd yn glasurwr brwd, a derbyniai fod Lladin a Groeg yn rhagori mewn sawl ffordd ar Ffrangeg, ond yr oedd yn argyhoeddedig y gellid cyfoethogi Ffrangeg drwy helaethu ei geirfa a thrwy fynegi syniadau (estron) aruchel ynddi. I'r diben hwn, dodai bwys mawr ar fynegiant mewn barddoniaeth gan edrych at y beirdd mawr clasurol am batrymau. Edmygai sonedau Eidaleg Petraca yn fawr, a bu'n gyfrwng i impio'r soned ar gyff y traddodiad barddol Ffrengig.

Yn Lloegr yr oedd amrywiaeth barn am bosibiliadau'r iaith Saesneg. Ar ddechrau'r unfed ganrif ar bymtheg mynegodd y bardd (a thiwtor yr Harri VIII ifanc), John Skelton (1460–1529), ei farn ar gyfyngiadau'r iaith fel hyn:

Our natural tongue is rude
And hard to be ennewed
With polished terms lusty.

Our language is so rusty,
So cankered and so full
Of frowards and so dull,
That if I would apply
To write ornately,
I wot not where to find
Terms to serve my mind.[3]

Roedd barn ei gyfoeswr Thomas More (1478–1535), fodd bynnag, yn gwbl wahanol:

For as for that our tongue is called barbarous, is but a fantasy; for so is, as every learned man knoweth, every strange language to other. And if they would call it barren of words, there be no doubt but it is plenteous enough to express our minds in anything whereof one man hath used to speak with another.[4]

Serch hynny, yn Lladin yr ysgrifennodd More ei glasur, *Utopia* (1515/16). Fe'i cyfieithiwyd gyntaf i'r Saesneg yn 1551 gan Ralph Robinson (1520–77). Mae ei sylwadau yn ei gyflwyniad o'r cyfieithiad i William Cecil yn ddiddorol iawn:

[It] is a work not only for the matter that it containeth fruitful and profitable, but also for the writer's eloquent Latin style pleasant and delectable. Which he that readeth in Latin, as the author himself wrote it, perfectly understanding the same, doubtless he shall take great pleasure and delight both in the sweet eloquence of the writer and also in the witty invention and fine conveyance or disposition of the matter, but most of all in the good and wholesome lessons which there be in great plenty and abundance. But now I fear greatly that in this my simple translation, through my rudeness and ignorance of our English tongue, all the grace and pleasure of the eloquence wherewith the matter in Latin is finely set forth may seem to be utterly excluded and lost, and therefore the fruitfulness of the matter itself much peradventure diminished and appaired.[5]

Sylwer fod Robinson yn poeni am ansawdd y cyfieithiad, nid oherwydd ei amheuon ynglŷn ag adnoddau'r iaith Saesneg, ond oherwydd diffyg hyder yn ei feistrolaeth ef ei hun o'i famiaith. Gallai caredigion yr iaith Saesneg faentumio, wrth gwrs, mai diffyg arfer yr iaith i ddibenion dyrchafol, ac nid diffyg adnoddau cynhenid yr iaith fel y cyfryw, oedd yn gyfrifol am godi amheuon parthed ei haddasrwydd yn gyfrwng dysg. 'Our language is so *rusty*' oedd cwyn ddiddorol Skelton.

Yn yr un cywair yn union yr oedd anogaeth William Salesbury yn ei ragymadrodd i *Oll Synnwyr Pen Kembero Ygyd* (1547):

> I ba beth y gedwch ich llyfreu lwydo mewn coggleu, a phryfedy mewn cistie, ae darguddio rac gweled o neb, a nid chychwy ech hunain?... A ydych chwi yn tybiet nat rait amgenach eirieu, na mwy amryw ar amadroddion y draythy dyscedaeth, ac y adrodd athrawiaeth a chelfddodeu, nag sydd genwch chwi yn arveredic wrth siarad beunydd yn pryny a gwerthy a bwyta ac yfed? Ac od ych chwi yn tybyeit hynny voch tuyller. A chymerwch hyn yn lle rybydd y cenyf vi: a nyd achubwch chwi a chweirio a pherfeithio'r iaith kyn daruod am y to ys ydd heddio, y bydd ryhwyr y gwaith gwedy. Ac a ny bydd dysc, gwybodaeth, doethineb a dywolwch mewn iaith, pa well hi na sirmwnt adar gwylltion, ne ruat aniueilieit a bwystviloedd?[6]

Yr oedd Salesbury yn cydnabod yn barod iawn fod Saesneg eisoes wedi profi ei hun yn abl i fod yn gyfrwng dysg. Meddai yn ei *A Dictionary in Englyshe and Welshe* (1547) am yr iaith Saesneg:

> ... iaith heddyw vrddedic o bob rhyw oreuddysc iaith gyflawn o ddawn a buddygoliaeth ac iaith nid chwaith anhawdd i dyscy...[7]

Ond am y Gymraeg, yr oedd llawer o waith eto i'w wneud. Dechreuodd Salesbury ar y prosiect llafurus o fireinio'r iaith yn 1547 gyda chyhoeddi ei eiriadur a chasgliad Gruffudd Hiraethog o ddiarhebion (sef *Oll Synnwyr Pen*). Bu'n rhaid aros am ugain mlynedd cyn ymddangosiad y llyfr gramadeg Cymraeg cyntaf, sef *Dosbarth Byrr Ar Y Rhann Gyntaf i Ramadeg Cymraeg* (1567), Gruffydd Robert. Dyma flwyddyn cyhoeddi Testament Newydd Cymraeg Salesbury, a dyma brawf digamsyniol fod gan y Gymraeg yr adnoddau a'r ystwythder angenrheidiol i fynegi llên aruchel.

Fel rhagymadrodd i'r gramadeg, lluniodd Gruffydd Robert anerchiad gan yr iaith Gymraeg at y darllenydd. Ynddo mae'r iaith yn dweud, 'honn yw'r awr gyntaf yr amcanwyd fynwyn i lwybr celfyddyd'.[8] Serch hynny, mae'n hyderus ei bod 'mor llawn-llythyr i'm ysgrifennu, cyn gyfoethoced o eiriau, cyn hyned fy nechreuad'[9] ag unrhyw un o brif ieithoedd Ewrop. Mae neges yr iaith at William Herbert, Iarll Penfro, yn arwyddocaol,

> … mae gennym obaith yr owron y byddwch imi yn arglwydd da, i'm diffyn rhag argywedd a drwg, ac i'm helpu wrth geisio ymosod allan i ddangos f'wyneb ymysg yr ieithoedd eraill nad ydynt well eu braint na minnau, ond cael ohonynt eu 'mgeledd a'u mawrhau gan benaduriaid a boneddigion eu gwlad…[10]

Un o'r boneddigion a aeth ati i gynnig ymgeledd iddi oedd Henry Salesbury.

Ychydig iawn a wyddys am ei hanes. Ni wyddom ddyddiad ei farw na lle y'i claddwyd. Mae ei gyfenw yn ei gysylltu gyda theulu enwog Lleweni, ger Dinbych, ac yn ôl ei achres perthynai i gangen Galltfaenan / Henllan o'r teulu hwnnw.[11] Priodasai Robert, ei dad, Marged, oedd yn ferch i'r bardd Gruffydd ap Llywelyn Fychan o Leweni Fechan. Yr oedd ei dad yn byw yn Dolbelydr, tŷ a saif rhwng Trefnant a Henllan ar lan afon Elwy (gyferbyn â Ffynnon Fair), ac a ddisgrifiwyd yn 1874 gan yr Archddiacon D. R. Thomas fel hyn: 'It is a good specimen of a gentleman's house of the sixteenth century, with strong walls, massive beams, and its great oak bar to secure the principal door'.[12] Mae'n dweud iddo dreulio amser yn nhŷ ei dad fel oedolyn i geisio adfer ei iechyd. Ef efallai oedd yr Henry Salesbury a gofrestrodd yn fyfyriwr yn St

Alban's Hall, Rhydychen, yn 1581 pan oedd yn ugain mlwydd oed, gan raddio yn B.A. yn 1584 ac yn M.A. yn 1588. Meddai Wood, hanesydd Prifysgol Rhydychen, amdano, 'he entered on the physic line, practiced afterwards in his own country, and was esteemed by the lerned not only an eminent physician, but a curious critic as to matters relating to the antiquities and language of his country'.[13]

Yn 1593 cyhoeddodd lyfr Lladin ar ramadeg yr iaith Gymraeg, *Grammatica Britannica,* sef blwyddyn wedi cwblhau gramadeg Cymraeg gan Siôn Dafydd Rhys, hefyd mewn Lladin. Ymddengys ei enw ar y dudalen deitl fel 'Henrico Salesburio Denbighiensi', gyda'r cyfeiriad 'Dolbelidrae' ar derfyn y cyflwyniad i'r darllenydd a'r dyddiad 3 Chwefror 1593. Cyhoeddwyd y gwaith yn Llundain gan Thomas Salesbury, brodor o Glocaenog, a ffigwr hynod bwysig yn hanes cyhoeddi gweithiau'r Dyneiddwyr Cymreig. Hyd y gwyddys, dim ond tri chopi o *Grammatica Britannica* sydd wedi goroesi. Treuliodd Henry Salesbury amser sylweddol yn gweithio ar eiriadur Cymraeg-Lladin nas cyhoeddwyd.[14]

Cyflwynir y *Grammatica* i Henry Herbert, Iarll Penfro. Dilynodd ei dad, William Herbert (i'r hwn y cyflwynasai Gruffydd Robert ei *Ramadeg* yntau yn 1567), yn Llywydd Cyngor Cymru a'r Mers o 1586 hyd at 1601. (Bu gŵr arall o gyffiniau Dinbych, Gwilym Ganoldref, sef Capten William Myddleton, awdur *Bardhoniaeth neu Brydydhiaeth*, 1593, yn ei wasanaeth am gyfnod). Yr oedd gyda'r cyfoethocaf o bendefigion y deyrnas. Galluogodd hynny ef i adnewyddu Castell Caerdydd ac yr oedd bri ar ei letygarwch hael a drudfawr yno. Meddai'r *Bywgraffiadur* amdano: 'Yr oedd yn noddwr i anturiaethau diwydiannol, i'r ddrama, ac i lenyddiaeth Lloegr a Chymru; oblegid ei wybodaeth drylwyr o fywyd Cymru a'i gariad at ei hiaith galwodd Thomas Williems, Trefriw ef yn "llygad holl Gymru".' Dywed Salesbury wrtho yn y Cyflwyniad:

… y mae buddiannau llên a dysg mor agos at eich calon fel bod llawer yn honni mai chwi yw tad pob dysgeidiaeth gymeradwy, a phawb oll yn eich cydnabod yn Faecenas cyffredinol ym mhopeth perthynol i lên.[15]

Roedd yn arfer digon cyffredin ymhlith awduron cyfnod y Dadeni i alw noddwr yn 'Faecenas'. Cyfeiriad oedd hyn at Gaius Maecenas (c. 70 CC–8 CC), cynghorwr i'r Ymerawdwr Augustus a noddwr beirdd megis Fyrsil a Horas. Meddai'r *Encyclopaedia Britannica* amdano: 'His character as a generous patron of literature has made his name a personification of such activities'. Mae'r Cyflwyniad a'r Rhagymadrodd fel ei gilydd yn frith o gyfeiriadaeth glasurol. Er enghraifft, yn y Cyflwyniad dywed Salesbury ei fod wedi ysgrifennu gyda chefnogaeth Minerfa, duwies doethineb. Wrth alw Henry Herbert yn ogoniant i'w bobl, mae'n dyfynnu cyfres o ogoniannau a osodwyd yn eu trefn gan Fyrsil – y grawnwin i'r gwinwydd, y teirw i'w gyrroedd, y cnydau i'w meysydd a'r noddwr i'w bobl, hyn oll i arddangos pa mor gyfarwydd yr oedd ef (a Herbert) â llenyddiaeth glasurol. Mae enghreifftiau eraill yn y Rhagymadrodd.

Cyn troi at rheiny fodd bynnag, dylid cyfeirio at un molawd arall sydd gan Salesbury i Henry Herbert yn y Cyflwyniad, sef ei achau. Mae'n dweud fod teulu ei dad yn ddisgynyddion i Gamber a fu'n teyrnasu 'yma' tua'r flwyddyn 1092 CC Mae hyn yn mynd â ni i fyd Sieffre o Fynwy a'r 'hanes' am Brutus yn ymsefydlu ym Mhrydain. Un o dri mab Brutus oedd Camber ac ar ei ôl ef y gelwid Cymru yn Cambria. Dyma enghraifft o amharodrwydd deallusion Cymreig y cyfnod i ollwng eu gafael yn y traddodiadau chwedlonol, megis hanes y Brenin Arthur, a dderbynient i raddau helaeth yn hanes, a hynny er gwaethaf eu parodrwydd i dderbyn canonau y Ddysg Newydd mewn meysydd eraill.

Yn y Rhagymadrodd mae Salesbury yn honni ei fod wedi bod yn amharod i gyhoeddi ei waith ar y dechrau (megis yn wir yr honnodd Castiglione ei fod yntau yn anesmwyth wrth gyhoeddi *Llyfr y Cwrtiwr*). Y rheswm a roes Salesbury a Castiglione dros eu petruster oedd teimladau o annheilyngdod. Yn ei gyflwyniad i Don Michel de Silva, Esgob Viseu dywed Castiglione:

> ... anfonaf y llyfr hwn i chi yn bortread o Lys Urbino, nid yn wir gan law Raphael neu Michelangelo ond gan beintiwr diddim sydd ddim ond yn gwybod sut i ddylunio amlinelliadau heb fedru addurno'r gwirionedd gyda lliwiau tlws neu ddefnyddio perspectif i dwyllo'r llygad.[16]

Yn yr un cywair dywed Salesbury:

> Y mae'n bosibl y bydd rhywun yn synnu fy mod *i*, fel petawn yn ceisio saethu drwy lygaid brain wedi dymuno disgyn i'r maes hwn, maes sy'n ddarostyngedig i sensoriaeth lem y beirniaid – a minnau'n ddyn na ellir ar unrhyw gyfrif ei gymharu â'r mawrion uchod; [*sef, ymhlith eraill, Dr Gruffydd Robert (Milan) a Dr Siôn Dafydd Rhys – gramadegwyr y cyhoeddwyd eu gwaith eisoes*].[17]

Mae'r ymadrodd 'saethu drwy lygaid brain' yn ddiddorol iawn. Mae'n ddywediad sy'n ymddangos yng ngweithiau awduron Clasurol ac yn un a gynhwysodd Erasmus yn ei gasgliad o ddiarhebion Groeg a Lladin ('caterva fawr o ddiarebion' chwedl William Salesbury), yr *Adagia*, a gyhoeddwyd yn 1500 ac a ehangwyd yn 1508 a 1515. (Cynyddodd nifer y dywediadau o 800 yr argraffiad cyntaf i 3,000 yn yr argraffiad olaf.) Mae Erasmus yn cyfaddef nad oedd yn sicr o darddiad yr ymadrodd nac yn wir beth oedd ei ystyr yn wreiddiol, ond gyda defnydd mwy diweddar yr ymadrodd ymddengys mai'r ystyr oedd 'bwrw dysg y cenedlaethau gynt i'r cysgodion gyda rhyw ddarganfyddiad newydd, gan roi'r argraff na wyddai'r bobl gynt unrhywbeth'.[18]

Diben Erasmus wrth gasglu'r diarhebion Groeg a Lladin oedd cynnig cronfa o ddywediadau y gallai awduron ei oes ei hun eu defnyddio i addurno a choethi eu rhyddiaith Lladin. Yn y nodiadau helaeth a dysgedig i'w gyfieithiadau syber o ryddiaith Lladin y dyneiddwyr Cymreig, *Rhagymadroddion a Chyflwyniadau Lladin 1551–1632*, mae'r Athro Ceri Davies yn nodi'r ymadroddion a gafodd sylw yn *Adagia* Erasmus sy'n ymddangos yn eu testunau. Maent yn niferus. Drwy eu defnyddio, mae'r awduron hyn (gan gynnwys Henry Salesbury, wrth gwrs) yn arddangos eu chwaeth ddyneiddiol a'u bod yn gyfarwydd â gwaith y pen-dyneiddiwr, Erasmus.

A throi yn awr at ymdriniaeth Henry Salesbury o'r iaith Gymraeg, y mae'n ymagweddu yn amddiffynnol iawn tuag ati yn y Rhagymadrodd. Ymateb chwyrn sydd ganddo at y sawl sy'n honni fod ynganiad yr iaith yn 'rhwth a gerwin'.

Ffarwél, felly, i'r difenwyr bach sarrug hyn, y mae eu holl wybodaeth wedi ei gynnwys mewn anwybodaeth, a'u doethineb mewn cablu iaith a allai gystadlu â ieithoedd mwyaf hynafol Ewrop oll o ran swyn, rhesymoldeb a rheoleidd-dra.[19]

O ran diffyg swyn yr iaith, yr hyn sy'n taro'n erwin ar glust Saeson yn arbennig yw seiniau ffrithiol, fel *ch*, ac ochrol, fel *ll*. Ond ymfalchïo o'u plegid a wna Salesbury, a hynny am ddau reswm. Yn gyntaf:

Oblegid nid oes dim sy'n well gan natur na dwyn y caled a'r meddal, y garw a'r llyfn, y trebl a'r bas i gysylltiad â'i gilydd; oblegid felly, fel gyda'r delyn, y llwyddir orau i gael harmoni cytûn a chynganeddol wedi'i greu allan o synau gwahanol ac annhebyg.[20]

Ac yn ail:

Yn yr un modd, i'r graddau y mae'r Frytaneg yn fwy garw na'r [rhelyw o] ieithoedd brodorol, i'r un graddau hefyd y mae'n fwy hynafol ac yn debycach i'r Iaith Sanctaidd...[21]

Yr Iaith Sanctaidd yw Hebraeg, sef iaith yr Hen Destament.

Flynyddoedd yn ddiweddarach (1621) fe gawn ieithydd galluocach o lawer na Henry Salesbury yn mynegi ei falchder yntau yn y tebygrwydd a welai rhwng y Gymraeg (y Frytaneg) â'r Hebraeg. Yn ei *Antiquae Linguae Britannicae … Rudimentae* dywed Dr John Davies, Mallwyd:

> … os… y dylid barnu fod iaith yn fwy urddasol, perffaith, hynafol, cymwys ar gyfer mynegi teimladau'r galon, a defnyddiol, sef i'r graddau y mae'n cydweddu fwyfwy â'r Hebraeg, unig iaith yr hil ddynol am 1,700 o flynyddoedd, fwy neu lai, a mam, ffynhonnell a chynddelw yr holl ieithoedd; yna yn hyn o fater, nid oes unrhyw iaith sydd yn rhagori ar y Frytaneg, gredaf fi, nac i'w chymharu â hi.[22]

Mae'n maentumio,

> … nad oes braidd dudalen o'r Hen Destament oll lle nad yw priod-ddull y Frytaneg yn fynych yn dynwared i'r dim briod-ddull yr Hebraeg.[23]

Er mor orchestol oedd ei waith ar ramadeg y Gymraeg, rhaid cydnabod fod ei ddamcaniaethau ar darddiad y Gymraeg a lle'r Hebraeg mewn esblygiad ieithoedd, bellach, yn anghynaladwy. Serch hynny, mae'n ddiddorol nodi fod Dr K. Jongeling o Adran yr Hebraeg ym Mhrifysgol Wladol Leiden, yn yr Iseldiroedd, wedi cyflwyno papur ar y tebygrwydd rhwng y Gymraeg a'r Hebraeg yng Nghyngres Ryngwladol Efrydiau Celtaidd 1987.[24] Diddorol yw nodi hefyd fod y cyfieithydd Beiblaidd, a'r merthyr, William Tyndale yn gweld Saesneg yn cydweddu â'r Hebraeg. Yn ei lyfr, *The Obedience of a Christian Man* (1528) mae'n ceisio ateb gwrthwynebiad yr awdurdodau eglwysig Catholig i gyfieithu'r Beibl i Saesneg er gwaethaf y ffaith eu bod yn gosod bri ar y Fwlgat, sef cyfieithiad i'r Lladin o'r ieithoedd gwreiddiol, Hebraeg a Groeg.

They will say it [y Beibl] cannot be translated into our tongue it is so rude. It is not so rude as they are false liars. For the Greek tongue agreeth more with the English than with the Latin. And the properties of the Hebrew tongue agreeth a thousand times more with the English than with Latin.[25]

Llyfr bychan yw'r *Grammatica Britannica*. Cyfrol duodecimo (19cm x 11.4cm) o ran maint, yn ymestyn dros 92 tudalen. Mae dwy ran i'r gwaith sef, 'Etymologia' a 'Syntaxis', sef entymoleg a chystrawen. Mewn gwirionedd nid yw'r Adran gyntaf yn trafod entymoleg yn yr ystyr bresennol o darddiad geiriau ond yn hytrach mae'n trafod morffoleg yr iaith. Felly, cawn ddisgrifiad o wyddor y Gymraeg gydag ynganiad y llythrennau yn cael eu cymharu gyda seiniau Lladin, Groeg neu Hebraeg. Er enghraifft, dengys fod i'r *ch* Gymraeg yr un sain â *Chet* Hebraeg ח a *Chi* Roeg χ, a bod i'r *r* Gymraeg yr un sain â'r *Rho* Roeg ρ.

Mae'r testun yn frith o dablau sy'n gosod y wybodaeth yn syml ac eglur. Mae'r ferf a ddewisodd yn batrwm i ddangos rhediad y ferf yn y Gymraeg braidd yn od, sef 'pori' (Lladin, *pascere*). Yn aml, mae'n cynnig ffurf gair fel y'i seinir ar lafar yn ogystal, felly cawn 'porais & poris'. Mae cael cipolwg ar Gymraeg llafar y fro yn y cyfnod hwnnw yn ddiddorol dros ben i ni erbyn hyn, wrth gwrs. Mae 17 Adran i Rhan 1 a 13 Adran i Rhan 2 yn gorffen gyda 'De Metaplasmo', sef epilog sy'n cynnwys sawl epigram o waith y beirdd.

I gyfleu seiniau'r Gymraeg mae'n ychwanegu llythrennau at yr wyddor Ladin arferol. Er enghraifft, yn lle *th* mae'n defnyddio'r llythyren Roeg *Theta* θ, ac am *ch* mae'n defnyddio'r llythyren c gyda *sedila* ç. Bu'n fwy radical fyth yn ei Eiriadur.

Fel y nodwyd uchod, bu Salesbury yn amharod iawn i gyhoeddi ei lyfr am rai blynyddoedd wedi ei gwblhau er i'w gyfeillion, a oedd wedi darllen y llawysgrif, bwyso arno i wneud hynny. Mae'n amlwg felly fod ganddo gylch o gyfeillion a oedd yn ymddiddori yn y maes – nid dilyn ei ddiléit yn ynysig a wnaeth. Meddai'r Athro G. J. Williams am y *Grammatica Britannica*,

Gramadeg arall diddorol, heb fod yn un pwysig. Gwaith oriau hamdden pan oedd yr awdur yn ceisio adennill ei nerth ar ôl hir salwch yn ei gartref yn Nolbeleidr. Gramadeg i foneddigion ac ysgolheigion wedi ei ysgrifennu'n Lladin, ac mae'n ddiddorol oherwydd ei fod yn dangos eiddgarwch boneddigion di-sôn-amdanynt yn y cyfnod hwn i hyrwyddo astudiaethau Cymraeg.[26]

Oni bai am y Gramadeg a'r Geiriadur, di-sôn-amdano fyddai Henry Salesbury o hyd. Yn ei achos ef, yn sicr, deuparth ei fonedd oedd ei ddysg.

Testunau

Henry Salesbury, *Grammatica Britannica* (Scolar Press, Menston, 1969).

Ceri Davies, *Rhagymadroddion a Chyflwyniadau Lladin 1551–1632* (Gwasg Prifysgol Cymru, Caerdydd, 1980).

Balsedar Castiglione, *The Book of the Courtier*, cyfieithiad a rhagarweiniad gan George Bull (Penguin Books, Harmondsworth, 1967).

Nodiadau

[1] Balsedar Castiglione *The Book of the Courtier*, 1528, cyf. G. Bull (Harmondsworth: Penguin Books, 1967), t. 12.

[2] Balsedar Castiglione, op. cit., t. 90

[3] J. Hurstfield, 'English Society under the Tudors' yn D. Hay (gol.), *The Age of the Renaissance* (Llundain: Thames and Hudson, 1967), t. 167.

[4] Ibid.

[5] R. Robinson, 'Letter to William Cecil' yng nghyfieithiad Saesneg 1551 o T. More, *Utopia* 1516 (Llundain, Heron Books, d.d.).

[6] Garfield H. Hughes (gol.), *Rhagymadroddion 1547-1659* (Caerdydd: Gwasg Prifysgol Cymru, 1967), tt. 10-1.

[7] William Salesbury, 'Wyllyam Salesbury wrth y darlleawdr' yn *A Dictionary in Englishe and Welshe*, 1547 (Menston: Scolar Press, 1969), y dudalen gyntaf.

[8] Garfield H. Hughes, op. cit., t. 46

[9] Henry Lewis (gol.), *Hen Gyflwyniadau* (Caerdydd: Gwasg Prifysgol Cymru, 1948), t. 2.

[10] Henry Lewis, op. cit., t. 3.

[11] J. E. Caerwyn Williams, *Geiriadurwyr y Gymraeg yng nghyfnod y Dadeni* (Caerdydd: Amgueddfa Genedlaethol Cymru: Amgueddfa Werin Cymru, 1983), tt. 50-3.

[12] *Arhaeologia Cambrensis* 1874, t. 339. Dyfynnwyd yn J. E. Caerwyn Williams, op. cit. t. 50.

[13] *Athenae Oxioniensis* (1813) trydydd arg. Llundain. Dyfynnwyd yn J. E. Caerwyn Williams, op. cit., t. 23.

[14] Mary T. Burdett-Jones, 'Dau Eiriadur Henry Salesbury', *Cylchgrawn Llyfrgell Genedlaethol Cymru* 26/3, tt. 241-50. Hefyd, J. E. Caerwyn Williams, op. cit., tt. 22-8.

[15] Ceri Davies, *Rhagymadroddion a Chyflwyniadau Lladin 1551-1632* (Caerdydd: Gwasg Prifysgol Cymru, 1980), t. 94.

[16] Balsedar Castiglione, op. cit. t. 32.

[17] Ceri Davies, op. cit. t. 96.

[18] *Adagia*, I. iii. 75.

[19] Ceri Davies, op. cit. t. 97.

[20] Ceri Davies, op. cit. t. 98.

[21] Ibid.

[22] Ceri Davies, op. cit. t. 108.

[23] Ceri Davies, op. cit. t. 109.

[24] K. Jongeling, 'Similarities between Welsh and Hebrew, typological remarks' yn G. Williams, ac R. O. Jones (goln.), *The Celts and the Renaissance: Tradition and Innovation (Proceedings of the Eighth International Congress of Celtic Studies, 1987)* (Caerdydd: Gwasg Prifysgol Cymru, 1990), t. 160.

[25] William Tyndale, *The Obedience of a Christian Man*, 1528, D Daniell (gol.) (Llundain: Penguin Books, 2000), t. 19.

[26] Aneirin Lewis (gol.), *Agweddau ar Hanes Dysg Gymraeg: Detholiad o ddarlithiau G. J. Williams*, ailargraffiad (Caerdydd: Gwasg Prifysgol Cymru, 1985), t. 72.

'Ohono mae'r Byd drwyddo':
Credo Morgan Llwyd

Cofeb Morgan Llwyd yn Rhosddu, Wrecsam.
(Graham Lloyd)

ym Meirionydd gynt ym ganwyd
yn Sir Ddinbech im newidiwyd [M.Ll.I, td.57.]

FELLY Y CANODD MORGAN Llwyd (1619 – 1659) amdano'i
hun yn y gerdd 'Hanes rhyw Gymro'. Yng Nghynfal Fawr,
Maentwrog y cafodd ei eni, ond daeth i Sir Ddinbych yn 1629
i gael addysg yn Wrecsam. Nid cyfeirio at unrhyw beth a
ddigwyddodd iddo yn yr ysgol y mae Llwyd fodd bynnag pan
ddywed iddo gael ei 'newid' yn Sir Ddinbych, ond yn hytrach
at yr hyn a ddigwyddodd iddo yn yr eglwys. Yn 1634 daeth

69

y Piwritan, Walter Cradoc, yn gurad i Wrecsam, a chafodd
ddylanwad mawr ar y trigolion, gan gynnwys Morgan Llwyd.
Mae'n amlwg fod Llwyd wedi profi tröedigaeth grefyddol yn
ystod y cyfnod yma a'i fod o ganlyniad i hynny wedi cofleidio
safbwyntiau Piwritanaidd. Ond nid dyma fyddai'r newid olaf yn
ei ddaliadau crefyddol. Bu'n rhaid i Cradoc adael Wrecsam yn
1635, a chredir i Llwyd ei ganlyn, ond yn wahanol i Cradoc,
byddai Llwyd yn dychwelyd i Wrecsam.

Yn 1647 y bu hynny, pan ddaeth yn weinidog ar eglwys
gynulliedig yn y dref. Digwyddasai newidiadau mawr iawn mewn
byd ac eglwys yn ystod y deuddeng mlynedd y bu i ffwrdd, a bu
newidiadau mawr yng nghredo Llwyd hefyd. Pan ddechreuodd y
Rhyfel Cartref yn 1642, gadawodd Llwyd Gymru i deithio gyda
chefnogwyr y Senedd fel milwr ac fel caplan. Credir ei fod wedi
bod yn aros am rai misoedd, efallai am flwyddyn neu ragor, rhwng
1643 a 1647, yn nhŷ gŵr o'r enw Giles Calvert yn Llundain. Roedd
Calvert wedi cyhoeddi amryw o weithiau'r cyfrinydd Ellmynig,
Jacob Böhme (1575 – 1624), a syniadau Böhme oedd yn gyfrifol
am y ffaith fod y Llwyd a ddychwelodd i Sir Ddinbych wedi cael
ail 'newidiad'.

Morgan Llwyd mae'n siŵr yw ein Piwritan enwocaf, eto ni
ellir ei gyfrif fel 'Piwritan o'r Piwritaniaid': mae ei syniadau yn
gyfoethocach na Chalfiniaeth foel y Piwritan arferol. Yn wir mae
rhai o'i safbwyntiau yn ei osod ar ymylon eithaf uniongrededd.
Un peth y dylid ei gofio bob amser wrth drafod ei syniadau,
fodd bynnag, yw na fu'n fwriad ganddo greu cyfundrefn
ddiwinyddol ffurfiol. Efengylwr ac nid diwinydd oedd Morgan
Llwyd yn y bôn. Digwyddai fyw mewn cyfnod oedd yn ferw o
syniadau crefyddol a gwleidyddol chwyldroadol, ac yr oedd ei
feddwl agored a bywiog yn ymateb o hyd i lifeiriant y syniadau
newydd. Yr oedd felly yn newid ei feddwl o bryd i'w gilydd.
Mae'n haeddu parch am hynny, ond canlyniad ei barodrwydd
i fod yn feddyliol effro a gonest yw fod ei ysgrifau yn amddifad
o gysondeb syniadol llwyr. Cafwyd portread credadwy iawn

ohono fel gŵr yng nghanol stormydd syniadol a phersonol yn nrama John Gwilym Jones, *Hanes Rhyw Gymro* (1964).

Amcan yr ysgrif hon yw archwilio un agwedd ar syniadaeth Morgan Llwyd, sef ei theistiaeth, yn arbennig ei syniadau ar berthynas Duw gyda'r hyn a greodd. Gellir dweud yn bendant nad yw ei theistiaeth yn unigryw, yn wir mae iddi achau hynafol iawn. Ceisio hel rhai o'r achau hynny a wneir yn yr hyn sy'n dilyn. Cyn gwneud hynny, fodd bynnag, dylid nodi nad oes gennym le i gredu fod Morgan Llwyd ei hun yn gyfarwydd iawn â hanes athroniaeth. Dod i gyffyrddiad â syniadau a chysyniadau athronyddol a wnaeth drwy astudio gweithiau Böhme, awdur a amsugnodd lawer o syniadau traddodiad esoterig y Gorllewin.

Crydd oedd Böhme a dreuliodd y rhan fwyaf o'i oes yn Görlitz, tref rhyw drigain milltir i'r Dwyrain o Dresden. Yn 1612 cyhoeddodd lyfr sylweddol (723 tudalen yn y cyfieithiad Saesneg – sef yr iaith y darllenai Llwyd ei weithiau ynddi) yn dwyn y teitl *Aurora* ('*Toriad y Wawr Wridog*'). Myfyrdodau sydd ynddo yn dilyn profiadau crefyddol dwys iawn a gafodd yn niwedd 1600. Yr oedd y gwaith mor frith o syniadau Hermetaidd fel y cyhuddwyd Böhme o heresi gan ei weinidog Lwtheraidd. Yn 1613 fe'i gwaharddwyd rhag cyhoeddi dim mwy gan gyngor y dref, ac am bum mlynedd, fe ufuddhaodd. Cafodd brofiadau ysbrydol pellach, fodd bynnag, ac yn 1618 ailddechreuodd ysgrifennu, a hynny'n doreithiog iawn, ond ni chyhoeddodd ddim. Yna ar Ddydd Calan 1624 ymddangosodd rhai o'i ysgrifau mewn print. Gwysiwyd ef i ymddangos ger bron llys eglwysig ym Mai 1624, ond bu farw ym mis Tachwedd y flwyddyn honno. Cyhoeddodd bedwar ar hugain o weithiau rhwng 1612 a 1624. Yr oedd rhai Lwtheriaid yn gyndyn o roddi angladd Cristnogol iddo, a fandaleiddiwyd ei fedd wedi ei gladdu.

Ymledodd ei ddylanwad y tu hwnt i'r Almaen. Cafodd ei syniadau groeso arbennig yn Lloegr yng nghyfnod y Weriniaeth. Rhwng 1644 a 1662 cyfieithwyd holl waith Böhme i'r Saesneg (o'r Is-Almaeneg) gan John Ellistone a John Sparrow, gyda chymorth Durand Hotham a Humphrey Blunded (a dalodd am yr holl waith). Cyhoeddwr amryw o'r gweithiau oedd Giles Calvert o Lundain, a bu Llwyd yn aros am gyfnodau sylweddol yn ei gartref rhwng 1643 a 1647. Sefydlwyd nifer o gymdeithasau yn Lloegr i astudio gwaith Böhme a cheisio dilyn ei egwyddorion.

Gallwn ddechrau ein harchwiliad i mewn i theistiaeth Llwyd drwy ddyfynnu rhai o'i osodiadau mwyaf radical.

[1] O hono (Duw), mae'r Byd drwyddo. [M.Ll.II, td. 103.]
[2] HWN ydŷw'r Duw rhŷfeddol... yn ymgenhedlû eriòed ynddo ei hun... Y mae'r Bŷd ymma ynddo, cŷn gwneuthur o hono y Bŷd. [M.Ll.II, td. 140.]
[3] Er bod DUW trwy bob dim y mae Efe yn guddiedig. [M.Ll.II, td. 139.]
[4] Mae Duw yn llenwi pob peth heb ymgymyscu a dim. [M.Ll.I, td. 143.]
[5] Canys nid Efe yw Enaid y Bŷd hwn, (fel y dywed y PHILOSOPHYDDION,) Ysbryd y Greawduriaeth yw Bywyd Naturiaeth, ond DUW yw Ffynnon y Bywŷd hwnnw. [M.Ll.II, td. 140.]

Er fod arlliw pantheistiaeth ar rai o'r ymadroddion hyn, maent serch hynny yn anghyson â'r gred fod Duw a'r greadigaeth i'w *huniaethu* â'i gilydd (a dyna yw pantheistiaeth). Y mae hefyd yn anodd cysoni'r theistiaeth a fynegir uchod gyda theistiaeth drosgynnol uniongrededd Calfinaidd. Mewn astudiaeth drylwyr iawn o berthynas syniadol Llwyd â diwinyddiaeth Calfin, mae Goronwy Wyn Owen yn gwneud defnydd o'r cysyniad o fewnfodaeth Duw ('*divine immanence*' yn Saesneg), syniad sydd yn ei farn ef yn gwbl gyson â theistiaeth uniongred (gweler *Rhwng Calfin a Böhme*, Caerdydd 2001). Mae sail Feiblaidd i'r cysyniad y gallai Duw trosgynnol mewnfodi yn y person dynol, er enghraifft:

Oni wyddoch mai teml Duw ydych, a bod Ysbryd Duw yn trigo ynoch? (I Cor. 3.16.)

Efallai fod yr adnod isod o hanes y creu yn awgrymu'r cysyniad o fewnfodaeth hefyd:

Yna lluniodd yr ARGLWYDD Dduw ddyn o lwch y tir, ac anadlodd yn ei ffroenau anadl einioes; a daeth yn greadur byw. (Gen. 2.7.)

Ond a yw'r cysyniad o fewnfodaeth yn cyfleu yn union yr hyn mae Llwyd yn ei ddweud, yn enwedig gyda'r geiriau, 'O hono, mae'r byd drwyddo'? Ymddengys yr ymadrodd hwn yn y gerdd 'Gwyddor Uchod' a gyfansoddwyd yn 1657:

Calon byd, yw Duw ei Hunan,
Ag oi ewyllys i daeth allan:
Yr oedd Duw cyn gwneuthur unlle
Oll yn oll yn llenwi'r holl le.

Ni wnaeth Duw mor byd o hir bell,
Fel rhyw saer yn gwneuthur pabell,
Ond o hono, y mae'r Byd drwyddo,
Ag yn unig sefyll ynddo.   [M.Ll.II, td. 103.]

Y mae'r llinell, 'Ond ohono, y mae'r Byd drwyddo', yn enwedig o'i chyplysu gydag 'oi ewyllys i daeth allan', yn rhoi'r argraff fod Llwyd yn dehongli'r creu fel gweithred o ddeilliadaeth ('*emanation*' yn Saesneg) ar ran Duw. Y cysyniad naturiol agosaf at ddeilliadaeth yw esgor. Eithr, y dehongliad uniongred o'r creu yw fod Duw wedi creu o ddim ('*ex nihilo*'), nid ohono ef ei hunan ('*ex Deo*').

Nid oedd cytundeb cyffredinol ymhlith yr Apolegwyr Cristnogol cynnar ar y dehongliad '*ex nihilo*' o'r creu nes cyrraedd diwedd yr ail ganrif. Cyn hynny yr oedd diffyg cytundeb unfrydol ar y mater. Ar y cyntaf, nid deilliadaeth oedd y safbwynt oedd yn ymgiprys gyda chreu *'ex nihilo'* am gefnogaeth y diwinyddion ond y gred fod Duw wedi creu o ddeunydd afluniaidd a oedd yn bodoli cyn y creu. Yr oedd cefnogaeth i'r ddau safbwynt yn llyfrau Groeg yr Hen Destament (yr Apocypha). O blaid damcaniaeth creu o ddim gweler II Macabeaid 7. 28,

> Yr wyf yn deisyf arnat, fy mhlentyn, edrych ar y nef a'r ddaear a gwêl bopeth sydd ynddynt, ac ystyria mai o ddim y gwnaeth Duw hwy, a bod yr hil ddynol yn dod i fodolaeth yn yr un modd.

O blaid damcaniaeth creu o ddeunydd afluniaidd gweler Doethineb Solomon 11. 17,

> Oherwydd nid oedd y tu hwnt i allu dy law hollalluog,
> A hithau wedi creu'r byd o ddeunydd afluniaidd ...

Theophilus o Antioch (diwedd yr ail ganrif) a gydnabyddir fel y cyntaf i gyhoeddi mai creu o ddim oedd yr athrawiaeth Gristnogol. Helaethwyd ar yr athrawiaeth hon gan Tertullian (c. 160 – c. 220) ac Irenaeus (c. 130 – c. 200), a mabwysiadwyd yr athrawiaeth fel rhan o ddysgeidiaeth swyddogol yr Eglwys yn 1215 gan Bedwaredd Cyngor y Lateran. Ymhlith yr Apolegwyr a gredai yn namcaniaeth creu o ddeunydd afluniaidd yr oedd Justin Ferthyr (c. 100 – c. 165) a Clement o Alecsandria (c. 150 – c. 215). Yr oedd cefnogwyr y naill ddamcaniaeth a'r llall yn gytun, fodd bynnag, yn eu gwrthwynebiad i ddamcaniaeth y Stoiciaid ac eraill, sef na chrëwyd y bydysawd o gwbl, ond yn hytrach fod y cyfan yn bodoli o dragwyddoldeb i dragwyddoldeb.

Awduron dan ddylanwad y diwylliant Helenaidd oedd awduron llyfrau Groeg yr Hen Destament, ac nid yw'n syndod fod adlais o athroniaeth Groeg, gyda'i gwahanol safbwyntiau, i'w gael yn yr Apocryffa. Ar drothwy'r cyfnod Cristnogol aeth yr ysgolhaig Iddewig, Philo o Alecsandria (c. 25 C.C. – 40 O.C.), cyn belled â dweud fod yr un gwirioneddau i'w cael yng ngweithiau rhai o'r athronwyr Groeg ag a geid yn yr Ysgrythurau Hebraeg. Yn anorfod felly, yr oedd yr ymdoddi syniadol yma yn dylanwadu ar awduron y Testament Newydd a'r Apolegwyr Cristnogol cynnar. O blith yr holl athronwyr yr un a edmygid fwyaf gan Philo a nifer o ddeallusion Cristnogol cynnar oedd Platon (427 – 347 C.C.). Credent mai ei athroniaeth ef a gynganeddai orau gyda'r datguddiad Beiblaidd.

Ar fater y creu, y ddeialog o waith Platon a gafodd y sylw amlycaf oedd y *Timaios*. Yn y ddeialog hon, rhwng Socrates a Timaios, mae Platon yn cyflwyno 'hanes' y creu. Mae'n dweud mai hanes tebygol (neu ddichonadwy) yn unig ydyw. Mae dau reswm am hyn. Yn gyntaf mae'r byd diriaethol yn gyfnewidiol, mae rhannau ohono o hyd yn darfod ac eraill yn dod i fod: ni ellir cael 'hanes gwir' amdano gan fod y gwir bob amser yn draethiad ar y digyfnewid. Yn ail, mae Timaios yn atgoffa Socrates mai 'dim ond dynion ydym', hynny yw, ni pherthyn hollwybodusrwydd iddynt hwy, na neb arall, yn eu cyflwr presennol (*Timaios* 29 c.d.). Ni chawn unrhyw eglurhad pellach ar statws yr hanes dichonadwy, ac nid yw'n syndod fod dehongliadau tra gwahanol ohono wedi eu coleddu gan athronwyr o'i oes ei hun hyd heddiw.

Mae Timaios yn gofyn a yw'r bydysawd wedi bodoli erioed, neu, fel peth sydd o hyd yn darfod ac yn dod i fod, ai *dyfod* i fodolaeth a wnaeth? Ei ateb yw, 'Dyfod i fodolaeth a wnaeth' (28 b.). Yn awr, mae'n rhaid i bopeth sydd yn dyfod i fodolaeth, ddyfod i fodolaeth drwy gyfrwng rhyw achos. Eithr, meddai am yr achos hwnnw, 'mae gwneuthurwr a thad y bydysawd yn anodd i'w ddarganfod, ac o'i ddarganfod, yn amhosibl i draethu amdano ger bron dynion' (28 c.). Wrth geisio mynegi paham y ffurfiwyd y bydysawd gyda'i gyflwr o ddod i fod 'gan yr hwn a'i ffurfiodd' dywed Timaios,

> Yr oedd ef yn dda, ac ni pherthyn i'r da fod yn genfigennus. Felly,
> ac yntau yn amddifad o genfigen, dymunai i bob peth ddyfod mor

debyg â phosibl iddo'i hun. Hyn, yn ôl dysgeidiaeth y doeth, yw egwyddor pennaf dod i fod a'r bydysawd. Dymuniad y duw oedd i'r cyfan fod yn dda, a hyd y gellid, i ddim fod yn amherffaith, felly cymerodd drosodd bopeth gweladwy – nad oedd mewn cyflwr o lonyddwch ond o aflonyddwch afluniaidd a chroes – a'i ddwyn o anhrefn i drefn, gan iddo farnu mai gwell oedd hynny. (29 e/30 a.)

Mae'r hyn sydd yn feddiannol ar reswm yn rhagori ar y direswm. Gan mai dim ond mewn enaid y bodola rheswm, fe roes y gwneuthurwr enaid yn y byd diriaethol. Felly, fe berthyn i'r byd reswm mewn enaid ac enaid mewn corff, hynny yw, mae'n greadur byw (30 b.). Mae'n rhaid i'r hyn sydd yn dod i fod feddu ar ddiriaeth, felly mae'n rhaid iddo fod yn weladwy a theimladwy, ond ni fyddai dim yn weladwy heb dân nac yn deimladwy heb soletrwydd, ac ni cheir soletrwydd heb ddaear. I ffurfio cyfanrwydd rhaid cydio daear a thân gyda'i gilydd, a dyna yw swyddogaeth dŵr ac awyr (31 a.b.c.). Nid Platon oedd y cyntaf i nodi swyddogaeth sylfaenol tân, daear, dŵr ac awyr yn ffurfiant y byd diriaethol: Empedocles (*fl.* oddeutu 444 C.C.) wnaeth hynny. Fodd bynnag, ni chredai Empedocles mai dod i fod a wnaeth y bydysawd, ond yn hytrach ei fod yn bodoli yn dragwyddol. Daeth y gred mai tân, daear, dŵr ac awyr yw deunydd sylfaenol y greadigaeth yn hynod gyffredin. Ceir mynegiant ohoni yn fynych yng ngwaith beirdd Cristnogol y Canol Oesoedd. Mae'n ymddangos hefyd yng ngherdd Morgan Llwyd 'Gwyddor Uchod':

Os gofynni, Beth yw'r Anian
A naturiaeth dyn ei Hunan?
Pawb ath etyb. Mai, Tân, Awyr,
Dwr, a Dayar sydd mewn natur. [M.Ll. II, td. 105.]

Mae manylion hanes dichonadwy Timaios yn arwain at y cwestiwn, a oedd Platon yn meddwl fod 'man cychwyn' i'r bydysawd? Os felly, a ellir yn ystyrlon gyfeirio at gyfnod 'cyn' i ddim ddyfod i fodolaeth? Os yw amser yn beth a wnaed gan y gwneuthurwr, yr ateb i'r cwestiwn hwn yw 'na ellir'. Y tebyg yw na chredai Platon ei hun fod 'cyfnod' gwag ac afluniaidd wedi bodoli cyn ffurfiant y bydysawd. Credai Aristoteles (384 – 322 C.C.) na ellid sôn am 'gychwyn' i'r bydysawd, ond dehonglai ef Platon braidd yn llythrennol, felly yr oedd yn feirniadol o'i safbwynt fel y deallai efe ef. Y tebyg yw mai bwriad yr hanes dichonadwy yw mynegi safbwynt Platon fod trefn yn sail i'r bydysawd.

Mae'r safbwynt hwn yn deillio efallai o waith athronydd cynnar a ddylanwadodd yn drwm medd rhai ar syniadaeth Platon, sef Heracleitos (c. 540 – c. 480 C.C.). Dysgai ef fod y byd yn unoliaeth, ond yn unoliaeth lle mae'r elfennau cyfansoddol gwrthgyferbyniol yn cael eu dal gyda'i gilydd mewn tyndra. Rhaid ystyried y pethau sydd yn groes i'w gilydd fel un, oherwydd ni all y naill fodoli heb y llall. Gall y tyndra fod yn ddeinamig, hynny yw, gall perthynas yr elfennau gwrthgyferbyniol fod yn ansefydlog, gyda'r naill a'r llall yn cyfnewid goruchafiaeth. Nid oes unrhyw beth na sefyllfa yn sefydlog, mae popeth yn gyfnewidiol. Un o ddywediadau epigramaidd Heracleitos yw'r gosodiad na ellir camu i'r un afon ddwywaith! Eithr ni ddigwydd yr holl gyfnewid ar hap a damwain ond yn unol â threfn arbennig. Yr enw a roes Heracleitos ar yr egwyddor, neu'r drefn, lywodraethol oedd 'Logos', y gair Groeg sydd yn golygu 'Gair'. Ef oedd yr athronydd cyntaf i roddi ystyr cosmig i'r gair 'Gair'.

A dychwelyd at y *Timaios*, cyfyd y cwestiwn, beth yw statws ontolegol gwneuthurwr y bydysawd? (Y gair Groeg a ddefnyddia Platon amdano yw 'demiourgos', sef crefftwr.) Ai unigolyn yn bodoli ar wahân i'r bydysawd ydyw? A ydyw yn bodoli o dragwyddoldeb? A yw'r deunydd afluniaidd y gwnaed y bydysawd ohono hefyd yn bodoli o dragwyddoldeb? Os felly, a yw yn 'gydradd' â'r gwneuthurwr o ran ei dragwyddoldeb? A beth am gynllun y bydysawd? Dywed Platon fod y bydysawd wedi ei gynllunio ar batrwm tragwyddol. Adlewyrchiad amherffaith (oherwydd ei fod yn darfod ac yn dod i fod) o fodel (neu

Ffurfiau) perffaith yw'r bydysawd diriaethol. Yn wahanol i'r byd a ganfyddwn drwy'r synhwyrau, mae'r Ffurfiau yn berffaith am eu bod yn ddigyfnewid a thragwyddol. A ydynt hwythau hefyd yn 'gydradd' â'r gwneuthurwr o ran eu tragwyddoldeb?

Yn dyfyniad [2] uchod, dywed Llwyd fod y byd yma yn Nuw cyn iddo ei greu. Mae'r syniad hwn yn adlais o athrawiaeth Philo o Alecsandria, a geisiodd gysoni Platoniaeth a theistiaeth Iddewig drwy ddweud fod modelau'r greadigaeth (sef yr hyn a alwai Platon yn 'Ffurfiau' tragwyddol) yn bodoli ym meddwl tragwyddol Duw cyn iddo greu dim.

Mater cymhleth arall yw gwybod beth yw arwyddocâd yr enwau a roddir gan Platon i wneuthurwr y bydysawd. Yn Adran 30a mae'n cael ei ddisgrifio fel duw (gweler y dyfyniad uchod). Sut mae deall y teitl hwn? Yn ystod yr ugeinfed ganrif cafwyd dau gyfieithiad Saesneg o'r *Timaios,* gydag esboniadau, gan ddau ysgolhaig amlwg iawn, A. E. Taylor (esboniad 1928 a chyfieithiad 1929) a Francis M. Cornford (1937), ond yr oedd eu cyfieithiadau a'u dehongliadau o arwyddocâd y ddeialog yn wahanol iawn i'w gilydd. Lle mae Cornford yn defnyddio 'the god' am y gwneuthurwr, mae Taylor yn defnyddio'r gair 'God'. Yn sicr, nid oedd Platon yn coleddu undduwiaeth yn yr ystyr Iddewig, serch hynny mae'n hawdd iawn gweld sut y gallai Philo o Alecsandria a llu o ddarllenwyr Iddewig a Christnogol uniaethu *demiourgos* Platon gyda Chreawdwr llyfr Genesis.

Yn Adran 28c mae Timaios yn cyfeirio at 'wneuthurwr a thad y bydysawd', ac yn 37c mae'n cyfeirio at 'y tad a'i cenhedlodd'. Mae cryn wahaniaeth, wrth gwrs, rhwng perthynas crefftwr â'i gynnyrch a pherthynas tad â'i blentyn. Mae'r crefftwr yn gosod y ffurf a ddymuna ar sylwedd sydd eisoes yn bodoli yn annibynnol ohono. Yn achos tad, cynnyrch ei gorff ei hun yw ei blentyn, ohono ef y'i gwnaed, 'cnawd o'i gnawd' ydyw. Paham y defnyddiodd Platon dermau mor wahanol eu hystyr yn y cyswllt hwn sydd yn ddirgelwch. Bu rhai yn amau fod y gwneuthurwr a'r tad yn ddau unigolyn ar wahân, ond prin yw'r sail dros gredu hynny yng ngoleuni gweddill y ddeialog. Sut bynnag, bu'r cysyniad o genhedliad y byd yn un pwerus yn hanes esblygiad y cysyniadau deilliadaethol o'r creu.

Y ffigwr cynnar pwysicaf yn y traddodiad hwnnw yw'r athronydd Neo-Blatonaidd, Plotinos (c. 205 – 270 O.C.). Eifftiwr oedd Plotinos, ond o 244 ymlaen bu'n addysgwr yn Rhufain. Yn ychwanegol at fod yn athronydd, cafodd ei gydnabod fel cyfrinydd, a bu'r cysylltiad rhwng deilliadaeth a chyfriniaeth yn agos ar hyd yr oesoedd. Yr ydym yn ddyledus i Porphurios, disgybl disgleiriaf Plotinos, am hanes ei fywyd ac am ddiogelu a golygu ei weithiau, yr *Enneades*. Erbyn oes Plotinos yr oedd cryn wahaniaeth wedi datblygu rhwng y gwahanol ddehongliadau a geid o athroniaeth Platon. Rhwng oes disgyblion Platon ac oes y Neo-Blatoniaid yr oedd cyfnod y Platoniaid Canol. Tueddent hwy i ddehongli Platon yng ngoleuni athroniaeth ddiweddarach Aristoteles neu athrawiaeth y Stoiciaid neu'r Puthagoreaid. Etifedd y dehongliadau hyn oedd Plotinos, ac ni ddylem felly ddisgwyl Platoniaeth 'bur' neu 'uniongred' ganddo.

Sail holl athroniaeth Plotinos yw'r syniad fod popeth yn deillio o un peth. Fel y mae lluosogrwydd rhifau yn deillio o'r rhif un, felly mae lluosogrwydd popeth sydd yn bod yn deillio o Un. Yr Un hwn yw ffynhonnell popeth. Serch hynny, ynddo ei hun nid oes iddo raniadau na lluosogrwydd. Am hynny ni ellir priodoli meddwl, nac ewyllysio na gweithredu iddo. Y rheswm am hynny yw y byddai priodoli meddwl iddo yn golygu gwahaniaethu o'i fewn rhwng y meddyliwr a'i feddyliau, a'r un modd gydag ewyllysio a gweithredu. Am hynny, nid yw yn ymwybodol ohono'i hun. Dywed Plotinos na ellir priodoli unrhyw nodweddion cadarnhaol iddo ac eithrio undod digyfnewid. Ef hefyd yw'r Da. (Cymharer hyn gyda *Timaios* 29e/30a uchod.)

Sut felly mae egluro bodolaeth y bydysawd a'i luosogrwydd o bethau? Ni allant fod yn rhan o'r Un gan nad oes rhaniadau ynddo. Ni allai'r Un fod wedi eu creu drwy ewyllysio hynny oherwydd golygai hynny wahaniaethu rhwng yr ewyllysiwr a'r hyn a ewyllysiai. Yn wir, ni allai greu o gwbl gan fod creu yn weithred, a byddai gweithredu yn anghyson â'i anghyfnewidrwydd. Ni chafodd y bydysawd ei greu gan yr Un, ond yn hytrach *deilliodd* ohono.

Er mai deillio o'r Un a wna pob peth, ac ohono ef y'u gwnaed, eto nid yw ef wedi lleihau dim. Erys yn gyflawn ynddo'i hun. Defnyddiodd Plotinos nifer o ddelweddau i geisio cyfleu y cysyniad hwn. Un ohonynt yw delwedd y drych. Nid yw'r hyd a adlewyrchir yn y drych yn lleihau dim o gael ei atgynhyrchu yn yr adlewyrchiad: nis newidir mewn unrhyw fodd. Delwedd arall a ddefnyddiodd yw'r haul. Nid yw disgleirdeb yr haul yn pylu oherwydd fod goleuni yn deillio ohono.

Yn ôl damcaniaeth Plotinos, fe berthyn i ddeilliadaeth haenau neu gamrau. Fe berthyn y flaenoriaeth i'r Un, a enwir ganddo weithiau yn Dduw. Yna daw *Nous,* sydd yn golygu math o ddeall ac ymwybyddiaeth. Fe'i cyfieithir gan amlaf gyda'r gair 'Meddwl', ond 'Ysbryd' a ddefnyddiai ei brif gyfieithydd Saesneg, W. R. Inge. A dilyn delwedd yr haul, *Nous* yw'r goleuni sy'n caniatáu i'r Un i'w weld ei hun. Mae'n adlewyrchiad o'r Un, a thrwy hwn gwna'r Un ei hun yn hysbys, hyd yn oed i ni. O *Nous* fe ddeillia *Psyche*, Enaid, ac ef yw awdur y bydysawd.

Mae'n hynod ddiddorol fod Llwyd, yn dyfyniad [5] uchod, yn defnyddio'r un categorïau â Plotinos, sef Duw, Ysbryd ac Enaid (ond mewn fframwaith Cristnogol, wrth gwrs). Hefyd, mae ei osodiad mai Duw yw 'ffynnon' bywyd naturiaeth yn arbennig o briodol i gyfleu'r cysyniad o ddeillio. Yn y gerdd 'gwyddor Uchod' dywed Llwyd fod y byd wedi dyfod 'allan' o Dduw 'oi ewyllys'. Yn ôl Plotinos ni allai hynny fod oherwydd nid oes gan yr Un ewyllys. I Plotinos, trwy Enaid, nid o Dduw yn uniongyrchol y cafwyd y byd. Serch y gwahaniaeth yna, mae Morgan Llwyd hefyd yn gwahaniaethu rhwng Duw ac Enaid y byd hwn.

Nid yw'n hawdd gosod theistiaeth Plotinos mewn categori diamwys. Dyma sylwadau Frederick Copleston, hanesydd Saesneg amlycaf athroniaeth y Gorllewin yn ei *A History of Philosophy*:

We have... to be careful, if we wish to make the statement that the process of emanation in Plotinus is pantheistic in character. It is quite true that for Plotinus the world proceeds from God... and that he rejects free creation ex nihilo; but it should also be remembered that for him the prior Principle remains 'in its own place,' undiminished and unimpaired, always transcending the subordinate being. The truth of the matter would seem to be that, while rejecting free creation out of nothing on the ground that this would involve change in God, Plotinus equally rejects a full pantheistic self-canalisation of the Deity in individual creatures, a self-diremption of God. In other words he tries to steer a middle course between theistic creation on the one hand and a fully pantheistic or monistic theory on the other hand. We may well think that... no such compromise is possible; but that is no reason for calling Plotinus a pantheist without due qualification. [Cyf. I, Pennod 45, rhan 2.]

Gallwn ddweud yr un peth yn union am theistiaeth Morgan Llwyd.

Ar ôl dyddiau Plotinos symudodd prif ffrwd athroniaeth y Gorllewin i gyfeiriadau oedd yn cael eu pennu i raddau helaeth gan ofynion a diddordebau yr Eglwys Gatholig. Hyd yn oed o fewn y traddodiad Catholig, fodd bynnag, yr oedd meddylwyr a gofleidiai syniadau eithaf pantheistaidd eu naws, megis athronwyr Ysgol Chartres yn y ddeuddegfed ganrif, y cyfrinydd Ellmynig Meister Eckhart (c. 1260-1327), Nicholas Cusanus (c. 1400-64), ac eraill. Ac er waethaf y bri a roddwyd yn gynyddol ar athroniaeth Aristoteles yn y prifysgolion, nid oedd Platoniaeth wedi llwyr fachlud o bell ffordd.

Ni chyfyngwyd datblygiad athroniaeth y Gorllewin i Ewrop Gristnogol, fodd bynnag. Gwelwyd datblygiadau ac addasiadau gwreiddiol o syniadaeth Groeg mewn Iddewiaeth ac Islam. Gwelsom eisoes fel y ceisiodd Philo o Alecsandria briodi Iddewiaeth gydag athroniaeth Groeg. Agorodd ei barodrwydd i ddehongli testun y Beibl Iddewig mewn ffyrdd alegorïol bosibiliadau esboniadol Platonaidd. Enghraifft ddiddorol o'r duedd hon yw'r dehongliad amgen a gafwyd gan rai Iddewon ar eiriau agoriadol y Beibl. Un o nodweddion yr iaith Hebraeg yw bod ei ffurf ysgrifenedig yn cynnwys y cytseiniaid yn unig. Bydd darllenwyr sydd eisoes yn gyfarwydd â Hebraeg llafar yn gwybod pa lafariaid sydd i'w gosod rhwng ac o amgylch y cytseiniaid i ffurfio geiriau cyfan yn ôl y cyd-destun. Weithiau, wrth gwrs, gallai'r un gyfres o gytseiniaid sefyll gyda llafariaid gwahanol – ac felly rhoi geiriau cwbl wahanol! Bydd cynganeddwyr Cymraeg yn gyfarwydd iawn â'r ffenomenon hon (e.e. yn Gymraeg – M'DD" = MeDDwi / MaDDau). Mae Genesis yn dechrau gyda'r gyfres BR'Sh(Y)T, a ddarllenir gan amlaf fel BeReShiT, sef 'Yn y dechreuad' ['y creodd Duw y nefoedd a'r ddaear'], ond o newid y llafariaid a darllen BaRaShaT fe geir ystyr wahanol, sef 'Gyda'r pen', hynny yw, 'Gyda rheswm' ['y creodd Duw y nefoedd a'r ddaear']. Cafwyd nifer o gyfieithiadau Aramaeg cynnar yn dewis y dehongliad amgen. (Gweler von Stuckrad, td. 32.)

Daeth Neo-Blatoniaeth yn elfen gref yn natblygiad syniadaeth Iddewig, yn enwedig tua diwedd y seithfed ganrif. I'r cyfnod hwn y perthyn y *Sefer Yetzirah*, 'Llyfr y Ffurfiant (neu'r Creu),' yn ei ffurf gynharaf. Dyma waith ysgrifenedig cyntaf y traddodiad esoterig mewn Iddewiaeth, traddodiad a fyddai yn datblygu dros ganrifoedd fel athrawiaeth y Cabbala. Yn y *Sefer Yetzirah* cyflwynir damcaniaeth esoterig y gyfatebiaeth rhwng y macrocosm a'r microcosm, a hynny drwy osod arwyddocâd cyfrin i wyddor yr iaith Hebraeg. Gosodir 22 cytsain yr Hebraeg mewn tri dosbarth: deuddeg 'dwbl', saith 'sengl' a tair 'mam'. Mae'r deuddeg llythyren yn cyfateb i arwyddion y Sidydd, a'r saith llythyren yn cyfateb i ddyddiau'r wythnos, y saith blaned a saith rhan cyfatebol o'r corff dynol. Mae'n amlwg fod Llwyd yn gyfarwydd â'r athrawiaeth esoterig hon. Ceir mynegiant ohoni yn y gerdd 'Gwyddor Uchod', y dyfynnwyd ohoni eisoes.

Cerdd hir yw 'Gwyddor Uchod' sydd yn fyfyrdod ar Salm 8,

3,4. Mae'n dechrau gyda chyfres o 30 pennill 4 llinell, ac o'r gyfres hon y daeth y penillion a ddyfynnwyd uchod. Daw'r penillion isod o'r ail gyfres, sef cyfres o 21 lle mae pennill yr un ar gyfer y Lleuad (yn cyfateb i'r ymennydd), *Mercurius* (ysgyfaint), *Venus* (arennau), yr Haul (y galon), *Mars* (bustul), *Jupiter* (afu / iau), *Saturn* (y ddueg / 'spleen'). Yna daw 18 pennill i'r Lleuad, 12 i *Mercury*, 8 i *Venus*, 16 i'r Haul, 10 i *Mars*, 7 i *Jupiter*, 11 i *Saturn*. I orffen, ceir cyfres o 33 pennill. Isod wele pennill 2, 5, 8, 10 a 14 o'r ail gyfres.

> Mae ymhob dyn naturiol,
> Saith Blaned fawr ryfeddol;
> Ag yn cydweithio heb nâghau
> Gida'r Planedau nefol.

> *Venus* yw'r eglur
> Sydd dan yr Haul yn gyssur.
> Fel yr *Arrenau* ynghorff dyn
> Mae hon yn nhyddyn natur.

> A *Jupiter* yw'r blaned
> Sy'n cael ei lle yn chweched.
> Un ddull a hon yw *Afu* dyn,
> Am dano ei hun meddylied.

> Dyn iw Canolfa'r hollfyd,
> Dyn o bob peth a grewyd.
> Pob peth a wnaed sydd ynddo ef,
> Môr, Dayar, Nef a Bywyd.

> Astronomyddion cnawdol
> Sy'n sôn am Sêr naturiol:
> Heb ganfod y saith ysbryd byw,
> Sydd yn ei rhyw'n dragwyddol. [M.Ll.II, td. 101 – 107.]

Nid Cabbala yw'r unig elfen yn nhraddodiad esoterig y Gorllewin. Elfen bwysig arall yw Hermetiaeth. Daw'r term Hermetiaeth o enw sylfaenydd tybiedig yr athrawiaeth, sef Hermes Trismegistus. Credid mai un o ddoethion yr hen Aifft oedd ef. Ei enw yn yr Aifft oedd Thoth, noddwr y grefft offeiriadol o ysgrifennu a cheidwad cyfrinachau dwyfol. Uniaethodd y Groegiaid ef gyda'u Hermes hwy a rhoddasant iddo'r teitl 'Trismegistus', sef Mawredd Triphlyg, i nodi ei fawredd fel offeiriad, athronydd a deddfwr. Daethpwyd i gredu ei fod yn cydoesi â Moses. Credai rhai fod Platon wedi bod mewn cysylltiad ag ef, naill ai yn uniongyrchol, neu drwy Puthagoras. Cynhyrchwyd llenyddiaeth sylweddol dan ei enw ymhlith y Groegiaid yn ymwneud â dewiniaeth, alcemi, astroleg a chyfrinachau natur, a'r enw ar y llenyddiaeth hon yw *Hermetica*. Cafwyd llenyddiaeth athronyddol yn ogystal, gyda'r ysgrifau pwysicaf yn cynrychioli syniadaeth Neo-Blatonaidd ac Iddewig cyfnod yr ail hyd y bedwaredd ganrif. Gwnaed casgliad ohonynt tua'r ddegfed ganrif, ac adwaenir hwnnw fel y *Corpus Hermeticum*.

Cysyniad deilliadol o'r creu sydd i'w gael yn y *Corpus Hermeticum*. Ceir enghraifft o hyn yn y Pedwerydd Traethiad pan fo Hermes yn dweud fod Duw yn ei hanfod yn feichiog â phob peth, a pherthyn i'w hanfod hefyd yw dyfod â phob peth i fodolaeth (cymharer gyda Llwyd [2] uchod). Dywedir yn y Pedwerydd Traethiad ar Ddeg na ellir gwahanu y pethau a ddaw i fodolaeth oddi wrth yr hyn a wna iddynt ddyfod i fodolaeth. Eto, nid yw Hermetiaeth yn bantheistaidd. Megis yn achos Plotinos a Neo-Blatoniaeth cynigir ffordd ganol rhwng theistiaeth drosgynnol a phantheistiaeth. Yn ôl yr athronydd Americanaidd, G. A. Magee:

> ... Hermeticism constitutes a middle position between pantheism and the Judaeo-Christian conception of God. According to traditional Judaeo-Christian thought, God utterly transcends and is infinitely distant from creation. Furthermore, God is entirely self-sufficient and therefore did not have to create the world, and would have lost nothing if He had not created it. Thus the act of creation is essentially gratuitous and unmotivated. God creates out

of sheer abundance, not out of need. This doctrine has proved dissatisfying and even disturbing to many, for it makes creation seem arbitrary and absurd. Pantheism by contrast, so thoroughly involves the divine in the world that *everything* becomes god, even mud, hair, and dirt – which drains the divine of its exhaltedness and sublimity. Thus pantheism is equally dissatisfying.

Hermeticism is a middle position because it affirms both God's transcendence of the world and his involvement in it. God is metaphysically distinct from the world, yet God needs the world to complete Himself. [td. 8/9]

Gwelai rhai dysgedigion Cristnogol yn yr ysgrifau Hermetaidd fynegiant dirgel o athrawiaethau Cristnogaeth. Yr Apolegwr Cristnogol cyntaf i fynegi'r farn fod rhai o ddatganiadau Hermes Trismegistus yn ragfynegiant o wirioneddau'r Efengyl oedd Lactantius (c. 240 – c. 320), tiwtor Crispus, mab Cystennin Fawr. Cyn y Dadeni yr oedd ysgolheigion y Gorllewin yn ddibynnol iawn ar weithiau Lactantius am eu gwybodaeth o athrawiaethau Hermetaidd. Yr oedd rhai o'r 'dyfyniadau' a gaed ganddo o ddatganiadau Hermes Trismegistus yn cynnig eu hunain i'w dehongli mewn modd Cristnogol. Dyma enghraifft, 'monas monadem genuit et in se ipsum reflexit ardorem' (y monad genhedlodd fonad a adlewyrcha ei lewyrch tuag ato).

Dehongliad Lactantius, a nifer o ddiwinyddion y Canol Oesoedd, o'r datganiad yma oedd mai Duw y Tad yw'r monad sydd yn cenhedlu, mai Duw y Mab yw'r monad a genhedlwyd ac mai Duw yr Ysbryd Glân yw'r adlewyrchiad. Dyna ragfynegi athrawiaeth Gristnogol y Drindod – cyn Crist – a chan bagan! Dyma pam y cafodd portread o Hermes Trismegistus le o anrhydedd yn y brithwaith sydd yn addurno llawr Eglwys Gadeiriol Siena.

Mae'r dehongliad Hermetaidd braidd yn wahanol! Y monad sydd yn cenhedlu yw'r Un. Y monad a genhedlwyd yw'r byd. Y mae'r byd yn adlewyrchiad o'r Un. Mae'r cysyniad o'r byd fel adlewyrchiad yn cael mynegiant gan Llwyd yn *Llyfr y Tri Aderyn*:

[6] Ac er nâd Duw yw naturiaeth, ac er na ellir i adnabod drwy Philosophyddiaeth, etto ni wnaeth ef mor bŷd ymma yn ofer, ond fe ai gosododd fel drych i weled ei gyscod ef ynddo. [M.Ll.I, td. 261.]

Yr oedd y cysyniad o'r greadigaeth fel modd i Dduw ei 'weld' ei hun ynddi yn elfen yn syniadaeth Jacob Böhme. Yn debyg iawn i Heracleitos gynt, credai Böhme fod popeth yn bodoli mewn tensiwn. Mae'r cread yn cwmpasu'r cadarnhaol a'r negyddol mewn undod. Mae i bopeth ei wrtheb: 'Ie' a 'Nage' yw'r cread.

The One, the 'Yes', is pure power, and the life and the truth of God, or God Himself; but God would be unknowable to Himself, and there would be in Him no joy or perception, if it were not for the presence of the 'No'. [*Theosophical Questions* iii. 2.]

Cyn i'r gwrthgyferbyniol negyddu nid oes 'Ie' na 'Nage' ac mae'r Un mewn cyflwr diwahaniaethaidd, ac heb hunan ymwybyddiaeth mae megis dim. Dyma yw'r 'Ungrund', tarddiad popeth. Mae'r Un yn ceisio ei adnabod ei hun, ac i'r diben hwnnw mae'n mynegi ei hun trwy greu. Y cread yw'r drych lle mae'r Un yn ei weld ei hun.

If everything were only one, that one could not become manifest to itself. [*Mysterium* iv.22.]

Mae'n amlwg fod Böhme wedi ymgorffori llu o syniadau a chysyniadau Hermetaidd yn ei waith gan eu gweu i mewn i gyfundrefn Gristnogol. Meddai Magee:

This is the core of Böhme's Hermeticism: the conception of God not as transcendent and static, existing 'outside' the world, impassive and complete, but as an active *process* unfolding within the world, within history. What initiates this process in the first place? Böhme held that God is moved by the desire to reveal

Himself to Himself, but that this self-revelation is psychologically impossible unless an *other* stands opposed to Him... God does not know Himself through the world qua *absolute other*, however. An absolute other would be so foreign as to be unknowable. Instead, God in creation 'others Himself', corporealizes Himself, a process that reaches its consummation with Christ. It is through Christ that the nature of God and the world is revealed to man. Through Christ, we can reflect on our nature as divine products, and this reflection constitutes a 'return' to the source; God's will to self-revelation is fulfilled with His creation's knowledge of Him. [td. 38/9.]

Dylid gwneud dau bwynt pwysig yma am y gwahaniaeth rhwng syniadau Llwyd a Hermetiaeth. Y cyntaf yw fod Llwyd yn credu mai trwy ffydd y cyfiawnheir pechaduriaid ac nid drwy athroniaeth neu wybodaeth. Ni ellir adnabod Duw 'drwy philosophyddiaeth', meddai. Yn ail, er fod Llwyd yn dweud fod Duw wedi creu'r byd er mwyn gweld ei gysgod ynddo, ymddengys serch hynny ei fod yn meddwl y gallai Duw ymddangos iddo'i hun *heb fod wedi creu'r byd*. Hynny yw, nid yw Duw yn ddibynnol ar y byd am ddim.

[7] Cyn gwneuthur y bŷd nid oedd ond Duw yn ymddangos iddo ei hunan, ac wedi difa'r bŷd ymma ni ryfeddir nêb ond Duw. [M.Ll.I, td. 231.]

Ond, sylwer hefyd fel y mae Llwyd, yr un fath â'r Hermetiaid, yn ymwrthod â phantheistiaeth: 'er nâd Duw yw naturiaeth'.

Cafodd syniad Böhme fod ar Dduw angen rhyw fath o ddrych er mwyn amlygu ei hun iddo'i hun, ac mai'r cread yw'r drych hwnnw, ddylanwad mawr iawn ar un o athronwyr pwysicaf y bedwaredd ganrif ar bymtheg, G. W. F. Hegel (1770 – 1831). Yr oedd ei barch tuag at Böhme yn uchel iawn; cyfeiriai ato fel y *philosophicus teutonicus*. Un o egwyddorion canolog athroniaeth Hegel yw na all unrhyw fod ymwybodol (gan gynnwys Duw) ddyfod yn hunan ymwybodol heb gyswllt â rhywbeth arall. Yn achos Duw, y greadigaeth yn gyffredinol, a'r ddynoliaeth yn arbennig, yw'r 'arall' hwnnw. Yn debyg i Böhme a Heracleitos credai Hegel hefyd fod popeth yn bodoli mewn tensiwn ansefydlog, a dyma sydd wrth wraidd ei gysyniad enwog o ddilechdid.

Mae taro ar derm technegol i gyfleu y categori hwnnw o theistiaeth a welwn yng ngweithiau Plotinos, Hermetiaeth, Böhme, Morgan Llwyd a Hegel wedi peri trafferth i haneswyr syniadau. Ni ellir defnyddio'r term 'pantheistiaeth' heb ei amodi i ddisgrifio'r categori y perthyn eu safbwyntiau (gwahanol) hwy iddo. Yn 1828 fe fathodd athronydd o'r Almaen, Karl C. F. Krause (1781 – 1832), derm newydd sydd yn llenwi bwlch yn yr eirfa theistaidd. Credai ef fod Duw ym mhob peth a bod y byd yn bodoli 'oddi mewn i Dduw', ond fod y byd a Duw heb ymgymysgu â'i gilydd (cymharer Llwyd [4] uchod). Credai hefyd fod Duw yn fwy na swm y greadigaeth. Duw yw craidd cyntafol (*primordial essence*) popeth sydd yn bodoli (Llwyd, 'ohono, y mae'r byd drwyddo', [1] uchod). Trwy gyfrwng ei greadigaeth y mae Duw yn medru ei fynegi ei hun. Gwrthodai Krause y term 'pantheistiaeth' fel disgrifiad o'i safbwynt a bathodd derm newydd, 'panentheistiaeth', sef 'Duw *ym* mhopeth' (ac yn wir, 'popeth yn Nuw') i'w wahaniaethu o'r safbwynt mai 'Duw *yw* popeth', sef pantheistiaeth.

Mae syniadau Krause am berthynas Duw â'r greadigaeth yn drawiadol o debyg i rai Morgan Llwyd. Mae term Krause yn arbennig o addas yng nghyswllt y gred fod Duw wedi creu 'ex Deo', sef safbwynt Llwyd. Efallai y gellid defnyddio'r term 'mewnfodaeth' yng nghyswllt y gred fod Duw wedi creu 'ex nihilo', a'r term 'panentheistiaeth' yng nghyswllt y gred fod Duw wedi creu 'ex Deo'. Os felly, gallwn ddweud mai panentheydd oedd Morgan Llwyd.

Byrfoddau a Chyfeiriadaeth

M.Ll.I – Ellis, T. E. (gol.), *Gweithiau Morgan Llwyd o Wynedd*, Bangor a Llundain, 1899.

M.Ll.II – Davies, John H. (gol.), *Gweithiau Morgan Llwyd o Wynedd, Cyfrol ii*, Bangor a Llundain, 1908.

Copleston, Frederick, *A History of Philosophy, Volume I*, Westminster, U.D.A., 1946.

Magee, Glenn Alexander, *Hegel and the Hermetic Tradition*, Cornell, 2001.

von Stuckrad, Kocku, *Western Esotericism*, Llundain, 2005.

Jac Glan-y-Gors
a'r Baganiaeth Newydd

John Jones – Jac Glan-y-Gors. (?)

Yᴺ Lʟᴜɴᴅᴀɪɴ ʏ ᴄʏꜰᴀɴꜱᴏᴅᴅᴡʏᴅ ac y cyhoeddwyd *Seren Tan Gwmmwl* yn 1795, sef rhan gyntaf gwaith y gwelwyd ei gwblhau yn 1797 gydag ymddangosiad *Toriad y Dydd*. Cyfyngir y drafodaeth bresennol i'r ddau bamffledyn hyn, ac am y tro, gadawn i'r cerddi fod. Cynnyrch y Cymro Llundeinig yw rhyddiaith John Jones, cynnyrch y trafod a'r dadlau brwd a nodweddai gylchoedd deallus y ddinas ar y pryd. Paham a sut y bu iddo droi ei wyneb tua'r brifddinas ni wyddom bellach, ond digwyddodd hynny tua 1789, blwyddyn cychwyn y Chwyldro Ffrengig.

Cafodd John Jones ei eni yn fab i Laurence a Margaret Jones

ar y degfed o Dachwedd 1766 a'i fedyddio yn eglwys y plwyf. Yr oedd yn ŵr ifanc tua 23 mlwydd oed, felly, pan gododd ei bac a'i throi hi am Lundain. Ychydig iawn a wyddom am ei fywyd yn Uwchaled ac am farn ei gyfoedion amdano. Dywed Llyfrbryf mewn ysgrif yn *Y Geninen* yn 1883 fod Jac, yn llanc ifanc, yn cael ei ystyried yn 'ddiddaioni' gan 'hen fechgyn diwyd, chwyslyd, llafurfawr' y fro. Yr oedd, meddent, 'yn gyfuniad lled gyfartal o'r hurtun a'r dyhiryn', ac 'ni wyddai'r hen bobl yn iawn pa un "ai iâr ai dalluan" ydoedd'. Ond ymateb gwerinwyr cyfyng eu byd i fachgen na chawsai fawr o flas ar weithio ar y tyddyn oedd hyn ym marn Foulkes ei hun. Nid yw ef yn synnu fod John Jones wedi dymuno gadael yr ardal.

> Mae'n bur hawdd dychmygu nad oedd llanerch ddof a thawel fel Cerrryg y Drudion yn lle i lencyn llawenfryd fel John o Lanygors dreulio ei oes, ac na byddai iddo golli y cyfle cyntaf i fyned o'r llecyn cysglyd a breuddwydiol, lle nad oedd ond cydgordiad gwan rhyngddo a'i phreswylwyr diawen.[1]

Tebyg iawn yw barn Carneddog yn ei gyflwyniad i'r gyfrol *Gwaith Glan-y-Gors* a ymddangosodd yn 1905 yng Nghyfres y Fil. Mae'n amlwg ei fod yn teimlo na chafodd y bardd y parch dyladwy yn ei hen fro, nid yn unig oherwydd na chaiff proffwyd anrhydedd yn ei wlad ei hun, ond hefyd oherwydd diffyg cydgordiad (a defnyddio gair Llyfrbryf) rhwng awen y bardd a chwaeth ei gymdeithas. Mae'n dyfynnu, ac yn gwrthod, 'gyda rhyw un eithriad hwyrach' ensyniad Dafydd Ddu Eryri fod gwaith Glan-y-Gors yn fasweddus. Meddai Carneddog ymhellach am gyfnod John Jones yn Uwchaled:

> … ei brif hyfrydwch yr adeg yma oedd llunio cerddi duchanol i ferched beilchion, ac i wawdio gweithredoedd trwstan a thrahaus ambell i gymydog. Ni chyhoeddodd yr un o'r rhai hyn, ac amhosibl taro ar gopi o'r un ohonynt yn awr; tra mae y cerddi parchus a luniodd yn ystod y tymor difyr yma ar gael.[2]

Yr oedd yr amheuon ynglŷn â gweddustra rhai o gynhyrchion gwladaidd Glan-y-Gors yn sail cyfleus i warchodwyr gwerthoedd yr oes, dan amrywiol gymhellion, i beidio â'i gyfri'n awdur o bwys. Ymgais fwriadol i wrthweithio yn erbyn y parodrwydd i gadw Jac Glan-y-Gors ar yr ymylon oedd penderfyniad O. M. Edwards i gynnwys ei gynhyrchion prydyddol yng Nghyfres y Fil. Wedi iddynt ddysgu cofleidio'r byd a Rhyddfrydiaeth, darganfu'r Methodistiaid Cymreig yn Jac Glan-y-Gors arloeswr radicalaidd teilwng i'w fawrygu. Meddai O. M. yn ei ragymadrodd i'r cerddi,

> Y mae chwaeth Cymru wedi ei phuro er ei amser ef; ond y mae'r ffyddlondeb i'r gwir a'r cas at y gau, y gwladgarwch cynnes a'r dyngarwch effro sydd yn ei ganeuon, yn galw arnom roddi ei le i Glan-y-Gors ymysg llenorion y wlad a garodd.[3]

Pan ymddangosodd ailargraffiad *Seren Tan Gwmmwl* a *Toriad y Dydd*, yn 1923 o wasg Hugh Evans, yr oedd yn cynnwys braslun o fywyd Glan-y-Gors gan Thomas Jones, brodor o Uwchaled fel Hugh Evans. Yn ôl Thomas Jones yr oedd elfen o arwriaeth yn perthyn i'r ymadawiad am Lundain yn 1789. Clywsai ef gan rai o gyfoeswyr John Jones mai ffoi a wnaeth rhag nifer o wŷr meirch a ddaeth i Gerrigydrudion yn dilyn helynt rhwng tri o lanciau a pherson y plwyf, y Parch. William Rowlands, ynglŷn â recriwtio i'r milisia. I ddarllenwyr a fyddai'n cofio cyffro Rhyfel y Degwm, ganrif yn ddiweddarach, byddai'r fath reswm dros ymadael yn ymddangos yn un teilwng ac anrhydeddus. Ond difethir stori dda gan y ffaith mai ar ôl i John Jones fynd i Lundain y daeth Rowlands i Gerrygydrudion.[4] Mae'n amlwg fod Hugh Evans braidd yn anesmwyth gyda'r stori, oherwydd mewn nodyn arbennig dywed fod ei daid, a oedd yn adnabod John Jones yn dda, yn arfer adrodd hanes am wŷr meirch yn dod i chwilio am fechgyn i'w gorfodi i'r fyddin, ond ni chofiai grybwyll enw John Jones yn y cyswllt hwn.

Beth bynnag yw'r gwirionedd llawn am resymau John Jones dros fynd i Lundain, mae'n amlwg fod parodrwydd ar ran ysgrifenwyr Rhyddfrydol i roi dehongliad teilwng i'r penderfyniad. Ond o safbwynt y sawl a ddymunai ei barchuso, gallasai gwaith Jac Glan-y-Gors yn Llundain brofi'n dramgwydd. Er iddo gael ei gyflogi gan haberdasher am dair neu bedair blynedd, o 1793 hyd ei farw yn 1821, tafarnwr ydoedd. Dechreuodd yn y Canterbury Arms, Southwark, ac yna o 1818 ymlaen bu'n drwyddedwr y King's Head, Ludgate Hill. Mewn ymgais i liniaru ychydig ar amharchusrwydd y fath alwedigaeth, geilw Llyfrbryf, Carneddog a Thomas Jones y ddwy dafarn yn 'westy' ac ef yn 'westywr'! Anodd dweud i ba raddau y tawelwyd anesmwythyd y gydwybod ddirwestol a feddai pob Rhyddfrydwr o'r iawn ryw gan ailfathiad o'r fath.

Achos mwy o anghysur fyth i gydwybodau crefyddol-dyner oedd y math o gwmni a gadwai John Jones yn Llundain. Yr oedd yn ŵr arbennig o gymdeithasol ac nid oedd prinder cymdeithasau i ymuno â hwy yn y brifddinas ar ddiwedd y ddeunawfed ganrif. Ymunodd â'r Gwyneddigion yn ystod ei flwyddyn gyntaf yn Llundain, ac yn ystod ei oes, bu'n ysgrifennydd iddynt ar bedwar cyfnod, yn fardd swyddogol am dymor o flwyddyn bum gwaith, yn is-lywydd ddwywaith, ac er iddo wrthod derbyn, cafodd ei ethol yn llywydd y Gwyneddigion droeon. Yn ystod gaeaf 1794/5 yr oedd, yn ogystal, ynglŷn â sefydlu'r Cymreigyddion, cymdeithas a gyfarfu am gyfnod yn y King's Head. Mynega Llyfrbryf y ddrwgdybiaeth parthed parchusrwydd y Gwyneddigion fel hyn:

Tybiai rhai mai un o amcanion cyfarfodydd y Gwyneddigion ydoedd magu a meithrin egwyddorion anffyddol; a chredid nad oedd amryw o'r aelodau yn iach yn y ffydd. Diau fod y darllenydd yn cofio am un o linellau bryntaf Dewi Wyn am yr ieithwr diniwaid a charedig Dr. Pughe; ac yr oedd bydolrwydd (ai dyna'r gair goreu am *secularism*?) cynhyrchion Glanygors yn ei wneyd yntau yn wrthrych i amheuon cryfion parth crefyddoldeb ei feddwl; ac oherwydd y ddau hyn, ac un neu ddau eraill o'r aelodau, ymosodwyd ar y gymdeithas, nes peri i John Jones godi yn un o'i chyfarfodydd i'w hamddiffyn. 'Y mae'r dynion hyn,' meddai, gan gyfeirio at y cyhuddwyr, 'am wneyd i'w cymdogion a'u cydgenedl gredu mai deistiaid, atheistiaid, Sosiniaid, ac Undodwyr, ydym ni y Gwyneddigion: nis gwn i am un aelod ohonom yn coleddu y tybiau hyn; ac os oes, y mae'n eu cadw iddo ei hun, ac nid ydyw y gymdeithas yn cael eu llygru ganddo.' Fel y dywed Glasynys yn ei erthygl arno yn *Enwogion Cymru* – 'Yr oedd, mae'n debyg, o ran ei farn, yn lled debyg i Iolo Morganwg; a chan ei fod yn ddyn agored a didderbyn-wyneb, ond odid na chamgymerid ei ddywediadau, ac y bernid ei ddaliadau rhyddion yn benrhyddid trwyadl.' Fel llawer eraill, ag y mae llygaid eu ffydd yn weiniaid, yr oedd Glanygors yn edrych trwy ddrychau tywyll ar grefydd; ac yn sylwi mwy, yr ydym yn ofni, ar frychau ei phroffeswyr nag ar brydferthwch sancteiddrwydd.[5]

Mae amddiffyniad honedig Jac Glan-y-Gors yn od iawn. Codwyd y brawddegau a briodolir iddo o goffâd a draddodwyd gan y Parch. Efan Efans gerbron Cymdeithas y Cymreigyddion a gyhoeddwyd yn *Seren Gomer*. Yn ôl Efans, sôn am y Cymreigyddion yn hytrach na'r Gwyneddigion yr oedd John Jones, ond prun bynnag, go brin y gallai honni na wyddai am un aelod o'r gymdeithas a goleddai syniadau eithaf anuniongred. Achos, pa mor uniongred bynnag oedd mwyafrif aelodau'r cymdeithasau Llundeinig, mae'n deg dweud fod gennym, yn achos William Owen Pughe a Iolo Morganwg, enghreifftiau o gredinwyr a gawsai fwyd ysbrydol o gafn tipyn lletach na Chredo'r Apostolion. Dychwelwn eto cyn terfynu at y triawd, Iolo, Pughe a Jac.

Mae'n arwyddocaol fod talp helaeth o goffâd y Parch. Efan Efans, gweinidog gyda'r Bedyddwyr yn Llundain, yn amddiffyn y gosodiad fod 'Mr Jones yn credu ac yn caru y Beibl'. Go brin fod angen gwneud hynny, oni bai fod awgrym cryf yn cael ei wneud gan rywun i'r gwrthwyneb. Y brif dystiolaeth o blaid hoffter Jones o'r Beibl yw ei gefnogaeth i weithgareddau cymdeithas Feiblaidd Wood Street. Ond ni chyfyngir hoffter o'r Beibl i'r uniongred eu ffydd, wrth gwrs. Yr agosaf a ddeuwn at gyffes ffydd gan Jac Glan-y-Gors yw'r gosodiad hwn a ddyfynnir gan Efans:

Nid ydwyf gydag unrhyw blaid o grefyddwyr: eto, nid ydwyf yn erbyn crefydd.[6]

Er nad llyfr ar grefydd yw *Seren Tan Gwmmwl* (na *Toriad y Dydd* ychwaith), crefydd oedd sail yr ymosodiadau cyntaf ar ei awdur a'i egwyddorion. Meddai 'Peris' yn ei lythyr at olygydd y *Geirgrawn*:

Mae canlynwyr *Tom Paine*; (un o ba rai yw Sion Jones, Cyfieithydd y '*Seren Tan Gwmmwl*') yn llwyr elyniaethol i Frenhinoedd, Esgobion, Offeiriadon, Degymmau, a chrefydd sefydliedig, (ie yn fy marn i, maent yn cashau, ac yn gwrthwynebu pob math o grefydd a Duwioldeb; fal ag y mae *Tom Paine* wedi gosod allan, yn eglur yn ei lyfr, a elwir, '*Age of Reason*', neu Oes Rheswm;)…[7]

Cyn ystyried ar ba sail y cyhuddir John Jones o fod yn wrthwynebus i bob math o grefydd, dylid delio â'r gosodiad rhyfedd mai cyfieithiad yw *Seren Tan Gwmmwl*. 'Peris' (sef y Parch. Peter Bailey Williams, rheithor Llanberis) oedd y cyntaf i ymosod ar wreiddioldeb y llyfr, er na ddywed cyfieithiad o beth ydyw na phwy yw awdur y gwreiddiol. Teg casglu o'r cyd-destun mai cyfieithiad o ryw waith gan Paine a olygir. Digon tebyg fu sylwadau rhai haneswyr yn ystod yr ugeinfed ganrif. Er enghraifft, dywed David Williams am awdur *Seren Tan Gwmmwl*:

He was not a thinker of any originality, and his ideas were derived entirely from Tom Paine's *Rights of Man* [nid *Age of Reason*, sylwer!]. His second pamphlet, *Toriad y Dydd*, which appeared in 1797, was little more than a translation of some of the more virulent passages in Paine's works.[8]

Yn yr un cywair dywed R. T. Jenkins:

One would have expected the satirical inn-keeper's two pamphlets
to be 'homespun' in appeal and illustration... On the contrary,
John Jones just paraphrases Tom Paine, and deals in generalities...[9]

Cafodd honiadau Peris eu herio ar unwaith ar dudalennau'r
Geirgrawn gan ohebydd o Rydychen yn dwyn yr enw 'Carwr
Rheswm' (Gwallter Mechain yn nhyb J. J. Evans):[10]

Nid ydwyf ddim yn meddwl i'r dyn hwnnw [h.y. John Jones]
erioed ganlyn Tom Paine, ac nid ydyw rhediad ymadroddion y
llyfr ddim yn debyg i *gyfieithiad*.[11]

Ydyw, y mae daliadau John Jones yn gyson â rhai Tom Paine
ar sawl mater, ac oes, y mae rhai ymadroddion a chymariaethau
yn gyffredin i *Rights of Man* a *Seren Tan Gwmmwl* neu *Toriad y
Dydd*, ond, mae Gwallter Mechain yn gwbl gywir pan ddywed
nad yw 'rhediad ymadroddion y llyfr[au] yn debyg i gyfieithiad'.
Gellir dweud ar ei ben nad yw pamffledi Jac Glan-y-Gors yn
debyg o ran maint na strwythur i unrhyw un o lyfrau Paine, ac ni
phatrymodd y Cymro ei arddull ar eiddo'r Sais ychwaith. Serch
hynny, y mae brawddegau yma ac acw a godwyd fwy neu lai
yn uniongyrchol o waith Paine. Dyma enghreifftiau, un o bob
pamffled.

Daw'r dyfyniad cyntaf o *Seren Tan Gwmmwl* lle mae Jac Glan-
y-Gors yn pledio hawl pawb i addoli yn ei ffordd ei hun:

Ond ym mherthynas i grefydd ei hun, a gadael yr henwau o'r
neilldu, fel ped f'ai holl deulu dynolryw yn hyfforddi eu meddyliau
i wrthrych pob addoliad, DYN YN TYWALLT FFRWYTHAU
EI GALON O FLAEN EI GREAWDWR; ydyw crefydd, ac
er ei bod yn rhagori fel ffrwythau'r ddaear, gallant i gyd fod yn
dderbyniol gan awdur y byd. Ni bydd esgob ddim yn gwrthod

ysgub o wenith o eisiau ei bod hi'n fwdwl o wair, na mwdwl
gwair o eisiau ei fod yn ysgub wenith, nac oen, oherwydd nad
ydyw yr un o'r ddau; ero nid yw'r difinydd yma ddim yn fodlon
i'r Hollalluog dderbyn ffrwythau calon dyn trwy amrywiol ddull o
addoliad.[12]

Dyma sydd gan Paine yn *Rights of Man*:

But with respect to religion itself, without regard to names, and as
directing itself from the universal family of mankind to the Divine
object of all adoration, *it is man bringing to his Maker the fruits of his
heart*; and though those fruits may differ from each other like the
fruits of the earth, the grateful tribute of everyone is accepted.
A Bishop of Durham, or a Bishop of Winchester, or the
Archbishop who heads the Dukes, will not refuse a tithe-sheaf of
wheat, because it is not a cock of hay; nor a cock of hay, because it
is not a sheaf of wheat; nor a pig, because it is neither one nor the
other: but these same persons, under the figure of an established
church, will not permit their Maker to receive the varied tithes of
man's devotion.[13]

Y mae hyd yn oed y geiriau a italeiddiwyd gan Paine yn cael eu
gosod mewn priflythrennau gan Jones.

Drachefn o *Toriad y Dydd*, dyma Glan-y-Gors yn cloi paragraff
lle mae'n dadlau mai damweiniau hanesyddol sy'n gyfrifol am
y gwahaniaethau rhwng bonedd a gwrêng; yr unig wahaniaeth
naturiol yw rhyw:

Nid ydyw yr rhagoriaethau uchod, ond dyfeisiadau a damweiniau
dynol; cymmaint o ragoriaeth a welir yn y greadigaeth; ydyw, 'yn
wrryw, ac yn fenyw y creodd efe hwynt'.[14]

Fel rhan o ymresymiad mewn cyd-destun arall ymddengys hyn
gan Paine yn *Rights of Man*:

'And God said, Let us make man in our own image. In the image of God created he him: male and female created he them.' The distinction of sexes is pointed out, but no other distinction is even implied.[15]

Enghreifftiau yn unig yw'r rhain, a gellid yn hawdd gael rhagor atynt, ond mae pamffledi Jac Glan-y-Gors yn weithiau gwreiddiol serch hynny. Nid ar Tom Paine y patrymodd arddull ei ryddiaith, ond ar waith awdur Cymraeg. Mae rhythmau ei frawddegau, ei hiwmor a'i duedd i ddiarhebu yn ein hatgoffa ar unwaith o arddull Theophilus Evans. Yn wir, cydnebydd *Drych y Prif Oesoedd* yn ffynhonnell ei stori am y modd y bu i'r brenin Gwrtheyrn fynd yn ysglyfaeth i ystryw y Sacsones reibus, Rhonwen ferch Hengist, ar drothwy Brad y Cyllyll Hirion. Nid yw'n dyfynnu gair am air fodd bynnag. Dyma frawddeg gan Theophilus Evans, er enghraifft:

... canys y brenin anllad a hoffodd yr Eneth, ac a ddymunodd gael cysgu gyda hi y noson honno...[16]

Dyma fersiwn Glan-y-Gors o'r un frawddeg:

... canys brenin meddw, anllad disynwyr (fel y mae brenhinoedd yn gyffredin) a hoffodd yr eneth, ac a ddymunodd gael cysgu gyda hi y noswaith hono...[17]

Er gwaethaf yr ychwanegiadau arwyddocaol, fe argreffir y frawddeg yn *Seren Tan Gwmmwl* mewn dyfynodau!

Cawn enghraifft bwysicach o ddibyniaeth John Jones ar ffynhonnell Gymraeg yn ei ymdriniaeth o hanes brenhinoedd yr Hen Destament. Fe wnaed llawer yn *Seren Tan Gwmmwl* o'r rhybuddion a gafodd yr Israeliaid gan Samuel wrth iddynt fynnu cael brenin er mwyn bod fel cenhedloedd eraill. Cawn drafodaeth lled faith ar yr holl ddrygau a ragwelai Samuel yn deillio o sefydlu brenhiniaeth, gan gynnwys trafodaeth ar yr adnodau hyn o Samuel 8:11, 12:

Ac efe a ddywedodd, Dyma ddull y brenin a deyrnasa arnoch chwi: Efe a gymer eich meibion, ac a'u gesyd iddo yn ei gerbydau, ac yn wŷr meirch iddo, ac i redeg o flaen ei gerbydau ef: Ac a'u gesyd hwynt iddo yn dywysogion miloedd, ac yn dywysogion deg a deugain, ac i aredig ei âr, ac i fedi ei gynhaeaf, ac i wneuthur arfau ei ryfel, a pheiriannau ei gerbydau.

Dyma beth o sylwadau John Jones ar yr adnodau:

Rhyfedd mae Samuel yn dweud mor eglur; byddai raid iddynt aredig ei âr, a medi ei gynhauaf, a gwneuthur arfau ei ryfel. Nid eich rhyfel chwi, eithr ei ryfel ei hun. Mae'r geiriau *Ei Ryfel*, yn dwyn ar ddeall i'r bobl, y gwnae'r brenin a oeddynt yn ei geisio yn ei hynfydrwydd, yn erbyn ewyllys Duw, fyned i ryfel pan welau ef yn dda ei hun, pa un bynnag ai bod ei ddeiliaid ef am ryfela ai peidio; y byddai raid iddynt wneuthur arafu ei ryfel...[18]

Honiad John Jones fod tystiolaeth Feiblaidd i'r gred mai brenhinoedd sydd yn gyfrifol am achosi rhyfeloedd, ar sail yr hyn a ddywedir yn yr Hen Destament am y brenin Nimrod ac am y proffwyd Samuel, oedd prif bwnc y dadleuwyr o'i blaid ac yn ei erbyn ar dudalennau'r *Geirgrawn*. Mae'r defnydd o Samiwel yn arbennig o ddiddorol oherwydd ar y cyfieithiad Cymraeg o Samiwel y saif y ddadl. Mae'r Beibl Saesneg (Cyfieithiad Awdurdodedig) yn darllen fel hyn: '... to reap his harvest, and to make his instruments of war, ...' I ddibenion dadl *Seren Tan Gwmmwl* mae byd o wahaniaeth rhwng 'his instruments of war' a 'instruments of his war'. Sail dadl Glan-y-Gors yma yw'r Beibl Cymraeg.

Ond y mae Cymreigrwydd *Seren Tan Gwmmwl* yn fwy na mater o ffynonellau; mae hefyd yn fater o agwedd. Nid yw'r ymateb i

ganlyniadau teyrnasiad Gwrtheyrn, er enghraifft, yn un y gellid ei
ddisgwyl gan Sais:

> Dyma'r amser cyntaf y cafodd y Saeson eu llaw yn uchaf ar y
> Cymry; ac y mae yn eglur ddigon, mai eu brenin yn unig oedd
> yr achos o'r fath lanastra. Ond O! resyndod na buasai'n hen
> deidiau yn yr oes honno, (fel pobl America yn yr oes yma) heb yr
> un brenin, nac un dyn arall a gallu yn ei law ei hun i wneuthur
> drwg i'w gydwladwyr. Dyna frenin wedi anafyd ei genedl hyd y
> dydd heddyw. Pwy a wŷr na buasai'r Cymry yn feddiannol o holl
> Ynys Prydain yn bresennol, ped fuasent yn cymmeryd cyngor yr
> Arglwydd, ac yn ymgadw rhag y fath felltith a brenin?[19]

Yn sicr, nid cyfieithiad nac aralleiriad o ddim a ysgrifennodd
Tom Paine! Y mae dyfnder siom a chwerwder ysbryd gwladgarol
John Jones i'w deimlo yn ei ddyfarniad ar Wrtheyrn:

> Rhoi gwlad o gariad gwerin,
> Am wres paganes a gwin.[20]

Sylwer fod Gwrtheyrn 'wedi anafyd ei genedl *hyd y dydd
heddiw'*. Go brin y byddai balchder Theophilus Evans yn ei hil,
er mor eirias ydoedd, yn caniatáu iddo ef, ac yntau yn gynhaliwr
y sefydliad mewn gwlad ac eglwys, fynd cyn belled â hyn. Y mae
gennym yma wladgarwch sydd yn flaenffrwyth cenedlaetholdeb
fodern.

Ond, islais yn unig yw cenedlgarwch yn *Seren Tan Gwmmwl*, a
dim ond ambell baragraff sydd yn trafod Cymru yn neilltuol. Mae
yma ddehongliad o hanes, eithr nid dehongliad cenedlaethol. Yn
wir, ni cheir ymdriniaeth estynedig o hanes gan Jac Glan-y-Gors
fel a gafwyd gan Charles Edwards neu Theophilus Evans, ond y
mae ei ddehongliad ef o hanes yn fwy beiddgar na dim a gafwyd
ganddynt hwy. Dyma darddiad yr amheuon parthed crefyddoldeb
ei feddwl.

Fel hwythau, mae'n gweld patrwm mewn hanes, ond yn wahanol iddynt hwy, ni wêl gynllun i hanes. Iddynt hwy y mae hanes yn y pen draw dan reolaeth, ac y mae cydbwysedd moesol yn rhan o wead pethau. Meddai Charles Edwards:

> Cydnabyddwn ddoethineb, a daioni, a chyfiawnder Duw, yn ei farnedigaethau ar ein hynafiaid ni.[21]

Yn yr un modd, patrwm sydd yn rhan o gynllun a wêl Theophilus Evans hefyd. Yn ei gyflwyniad i argraffiad cyntaf *Drych y Prif Oesoedd* mae'n dweud wrth ei ddarllenwyr:

> Yma y cewch weled, tra fu ein Hynafiaid yn gwneuthur yn ôl ewyllys yr Arglwydd, na thycciai ymgyrch un Gelyn yn eu herbyn: Ond pan aethant i rodio yn ôl cynghorion, a childynnrwydd eu calon ddrygionus, *Y Dieithr ag oedd yn eu mysc a ddringodd arnynt yn uchel uchel, a hwythau a ddesgynnasant yn issel issel.* Deut. xxviii, 43'.[22]

Ond er iddo drafod hanes Israel yn ogystal â hanes Cymru a Lloegr, nid yw Glan-y-Gors yn trafod hanes fel mynegiant o lywodraeth foesol Duw. Na thwyller neb gan ei barodrwydd i ddyfynnu'r Beibl. Yr oedd Tom Paine yn barod i ddyfynnu'r Ysgrythur hefyd, er iddo ddatgan mai mytholeg yw'r Beibl. Y pwynt sylfaenol yw hyn, nid yw thema ganolog pamffledi Glan-y-Gors, sef, 'gymmaint o erchylldod a ddioddefodd dynolrwy o herwydd brenhinoedd, er amser Nimrod, hyd amser Louis XVI o Ffraingc'[23] yn cael ei gysylltu â barn neu ragluniaeth Duw. Mae'r allwedd i ddealltwriaeth o'r hyn a ddioddefodd dynolryw i'w ddarganfod yn y natur ddynol ei hun. Oes, y mae patrwm mewn hanes, sef yw hynny, tuedd dynion a osodir mewn awdurdod dros eraill heb orfod cyfiawnhau eu safle, na chael eu galw i gyfri am eu gweithredoedd gan eu cymdeithas, i droi'n ormesol.

Y ffaith fod dadansoddiad Glan-y-Gors o batrwm hanes a chymdeithas yn amddifad o gysyniadau diwinyddol fel 'rhagluniaeth', 'pechod' 'barn' ac ati a wnaeth i rai ei gyhuddo o'r hyn a eilw Llyfrbryf yn 'fydolrwydd', sef seciwlariaeth. Mewn gwirionedd, yr hyn mae'n ei wneud yw adlewyrchu agweddau a gwerthoedd meddylwyr yr Ymoleuad. Gellir dweud am John Jones fel y dywedodd Peter Gay amdanynt hwy, '... they freed history from the parochialism of Christian scholars and from theological presuppositions, (and they) secularized the idea of causation...'[24] Mae'n ddiddorol cymharu'r hyn a ddywed John Jones, er enghraifft, am achos rhyfel yn *Seren Tan Gwmmwl* gyda'r hyn sydd gan Thomas Jones o Ddinbych i'w dweud yn *Gair yn ei Amser* am achos gwreiddiol y rhyfel yn erbyn Ffrainc a ddechreuodd yn 1793:

> Cyn bod brenhinoedd nid oedd rhyfel; wrth hynny gellir meddwl, ped fae heb frenhinoedd, y byddai'r byd mewn heddwch, undeb a chariad. (*Seren Tan Gwmmwl*)[25]
>
> Am sail y rhyfel, pa un ai annoeth ydoedd, ar ein rhan ni yn y cychwyniad o hono, ac a oedd modd cymmwys i Gynghorwyr ein Brenin ei ochelyd, nid oes gennyf ond bod yn ddistaw: y mae fy llinyn yn rhy fyr i blymio dyfnderoedd y cweryl. Ond yr wyf yn sicr o hyn, Pa beth bynnag oedd, fel ail achos yn ei fagu, pechod oedd yr achos gwreiddiol a phennaf o hono. (*Gair yn ei Amser*)[26]

O bryd i'w gilydd, bydd John Jones yn dweud fod rhywun, brenin yn amlach na pheidio, wedi torri cyfraith Duw, ond ffordd o ddisgrifio'r weithred, nid ffordd o'i hegluro yw hynny. Ni fydd barnedigaethau Duw yn ymddangos yn elfen yng nghadwyn achos ac effaith. Yr oedd awduron cyfnod yr Ymoleuad yn hepgor y cysyniadau crefyddol ym mhob maes, wrth gwrs, nid mewn hanes yn unig. Mae'r ymdriniaeth a geir yn *Seren Tan Gwmmwl* o broblem puteindra yn Llundain yn enghraifft wych o ddadansoddiad hollol seciwlar o broblem gymdeithasol y gellid mor hawdd fod wedi ei thrin yn nhermau'r cysyniad o bechod.[27]

Ond, o ddisodli'r categorïau diwinyddol, i ba le gallai dynion goleuedig droi am feini prawf dibynadwy wrth gloriannu gwerthoedd moesol, awdurdod gwleidyddol a damcaniaethau hanes a gwyddoniaeth? Gydag un llais, etyb gwŷr yr Ymoleuad – at Reswm. Fel y dywed Alan Bullock yn ei astudiaeth o ddyneiddiaeth drwy'r canrifoedd, 'The great discovery of the Enlightenment was the effectiveness of critical reason when applied to authority, tradition and convention, whether in religion, law, government or social custom.'[28] Mae Glan-y-Gors yn mynegi'r safbwynt yn gryno ac effeithiol yn *Toriad y Dydd* fel hyn:

Wedi i ddyn unwaith ddechreu myfyrio yn amyneddgar a didueddol ar ddull ac arferion y byd, y peth cyntaf a ddyleu ef wneud, yw dal sylw manwl ar bob hen arfer, a hen chwedlau, a'u pwyso nhw y'nghlorian ei reswm ei hun…[29]

Mor addas yw delwedd y glorian i gyfleu rôl rheswm. Delwedd arall a ddefnyddiodd Jac yn *Toriad y Dydd* yw'r orseddfainc. Mae'n dweud am ryw weithred ei bod

yn edrych yn wrthyn o flaen gorsedd rheswm.[30]

Cawn enghraifft hynod ddiddorol o rôl rheswm ar waith ychydig yn nes ymlaen yn *Toriad y Dydd*. Wrth geisio darganfod seiliau llywodraeth a iawnderau dynol mae John Jones yn ein gwahodd i ddefnyddio'n rheswm, gyda thipyn o help gan y dychymyg:

Er mwyn cael gweld yn eglur ddechreuad ac amcan llywodraeth, ac hefyd FREINTIAU ANIANOL DYN, gadewch i ni dybied i ryw nifer o bobl gael eu taflu i ryw ynys anghyfannedd, lle nad oedd greaduriaid dynol o'r blaen.[31]

Fe'n gwahoddir i wneud arbrawf meddyliol. Mae gofyn i ni

ddamcaniaethu ar ba *egwyddorion* y byddai criw o bobl a laniodd ar diriogaeth, heb ei phoblogi cyn hynny, yn sefydlu eu ffurf o lywodraeth. Ni fyddai apêl at hanes yn ystyrlon yn y sefyllfa honno, byddai'n rhaid dibynnu ar yr apêl at reswm. Mae Glan-y-Gors yn argyhoeddedig, fel yr oedd holl feddylwyr yr Ymoleuad, y *'philosophes'* fel y'i gelwid, y byddai prosesau rheswm unrhyw un a phob unigolyn yn eu tywys i weld yr un gwirioneddau. Conglfaen eu syniadaeth oedd unffurfiaeth a chyffredinolrwydd rheswm. Mae teimladau yn gwahaniaethu'n ddirfawr o un unigolyn i'r llall, ond nid felly rheswm.

Mae nifer o egwyddorion yn deillio o'r safbwynt hwn. Yn gyntaf, yn gymaint â'n bod ni oll yn feddiannol ar reswm, yr ydym oll yn gydradd. Yn ail, dengys unffurfiaeth rheswm mewn pobl o wahanol gefndiroedd diwylliannol mai arwynebol yw'r gwahaniaethau rhwng pobl. Yn drydydd, ni chyfyngir egwyddorion seiliedig ar reswm i unrhyw oes na lle. Mae mathemateg yn enghraifft dda o hyn. Yr un yw ei deddfau ar bum cyfandir ac ym mhob oes, ond gallwn ni golli gafael arnynt am gyfnodau, megis y collwyd yr ymresymiadau mathemategol a ddefnyddiodd cynllunwyr Côr y Cewri neu Byramidiau'r Aifft am ganrifoedd. Yn yr un modd gallem ni golli golwg ar wirioneddau moesol a oedd yn hysbys iddynt hwy.

Yn wir, mae'n well gennym osgoi defnyddio ein rheswm os oes rhywun wrth law i gynnig atebion parod i ni. Yr ydym yn dewis peidio sefyll ar ein traed ein hunain, a phwyso ar awdurdod rhyw gorff neu lyfr neu ddatguddiad arall. Yr ydym yn fodlon i eraill feddwl trosom – a byddant hwythau ddim ond yn rhy barod i wneud hynny! Galwad i sefyll ar ein traed ein hunain yw'r Ymoleuad yn ôl Immanuel Kant. Mae ei draethawd enwog 'Ateb i'r cwestiwn "Beth yw Ymoleuad?"' yn agor fel hyn:

Ymoleuad yw dyfodiad dyn o'i anaeddfedrwydd hunan-osodedig.
Anaeddfedrwydd yw'r anallu i ddefnyddio'n deall heb arweiniad un arall. Mae'r anaeddfedrwydd hwn yn *hunanosodedig* os yw'n

tarddu, nid o ddiffyg deall, ond o ddiffyg penderfyniad a hyder i'w ddefnyddio heb arweiniad un arall. Arwyddair yr ymoleuad felly yw: *Sapere aude!* Byddwch yn ddigon gwrol i ddefnyddio eich deallusrwydd *eich hun*.[32]

Yn yr un cywair y mae Jac Glan-y-Gors yn agor *Toriad y Dydd*. Yma eto, mae anaeddfedrwydd yn gysyniad allweddol:

Ni ddichon i neb wybod pa faint o freintiau anianol sydd yn perthyn iddo, heb yn gyntaf ymddiosg, a thaflu o'r neilldu holl hen arferion, a chwedlau gwneuthuredig, ac ofergoelion...
Pan fo dyn wedi cael ei arwain er yn faban, i wneuthur rhyw hen arfer, neu i roi coel ar ryw hen chwedl, mae'n anhawdd hynod ganddo ymadael a'r arfer honno... Nid yw dyn felly ond yn faban yn ei gryd, yr hwn, er yn ddigon hen i gysgu heb ddim dadwrdd na suo iddo, a fydd yn nadu o eisio cael ei siglo gan ei fam, o herwydd ei bod hi arfer a gwneuthur hynny pan oedd yn angenrheidiol.[33]

Geilw Peter Gay ladmeryddion yr Ymoleuad yn 'Baganiaid Modern', ac is-deitl ei lyfr ar yr Ymoleuad yw, 'The Rise of Modern Paganism'. Gellid meddwl mai'r hyn sy'n gwneud ei lysenw arnynt mor briodol yw eu hagwedd negyddol tuag at Gristnogaeth. Ond y mae graddau mewn negyddiaeth, ac nid oedd unffurfiaeth yn eu hagwedd at athrawiaethau'r eglwys. Yn sicr, agwedd fwyn iawn oedd gan John Jones at grefydd, yn arbennig felly Ymneilltuaeth. Serch hynny fe welai Thomas Jones o Ddinbych, yn gywir ddigon, fod gan Jac Glan-y-Gors yn ei arfogaeth (fel y '*philosophes*' oll), arf a allai, o'i ddefnyddio'n fygythiol, beryglu ymlyniad gwerin wrth y ffydd. Wrth gondemnio'r gweriniaethwyr Ffrengig yn *Gair yn ei Amser* mae'n dweud: 'Y maent yn mawrygu Rheswm yn y gradd a'r dull mwyaf di-reswm', ac mae'n dyfynnu'r Apostol Paul, '"Ofer fuont yn eu rhesymau, a'u calonnau anneallus hwy a dywyllwyd. Pan dybient eu bod yn ddoethion, hwy a aethant yn ffyliaid." Rhuf.,

I: 21,22.'[34] 'Paganaidd' yw'r ansoddair a ddefnyddia Thomas Jones i ddisgrifio Gŵyl Rheswm y Weriniaeth Ffrengig.

Serch hynny, rheswm arall sydd gan Peter Gay dros alw gwŷr yr Ymoleuad yn baganiaid. Mae'n olrhain eu parch mawr at reswm yn ôl i'w darddiad gyda dyneiddwyr y Dadeni. Pan 'ail-ddarganfuwyd' gwareiddiad Rhufain a Groeg (yn enwedig) yn y bymthegfed ganrif rhyfeddai ysgolheigion Cred at ansawdd foesol ac ysbrydol y gwareiddiadau paganaidd. Yr oedd dyneiddwyr cyfnod y Dadeni yn llawn edmygedd ohonynt yn rhannol oherwydd bod y diwylliant clasurol yn cynganeddu cystal gyda'r datguddiad Cristnogol. Ond nid dyma brofiad dyneiddwyr yr Ymoleuad. I'r gwrthwyneb, yr oeddynt yn ymwybodol iawn o densiwn rhwng gwerthoedd y byd clasurol a'r gwerthoedd Cristnogol, ac o'r ddau, y gwerthoedd clasurol a arddelent hwy. Dyna brif reswm Gay dros eu galw yn 'baganiaid' modern.[35]

Un o ganlyniadau clasuriaeth a seciwlariaeth yr Ymoleuad oedd gwacáu delweddau Beiblaidd-Hebreig y Gorllewin Cristnogol o'u hystyr ac arwyddocâd traddodiadol. Yr oedd angen, naill ai rhoddi ystyr newydd iddynt, neu ddarganfod rhai gwahanol, i fod yn gyfryngau'r gwerthoedd newydd. Almaenwr ifanc a oedd yn ymwybodol iawn o argyfwng gwacter ystyr y delweddau Cristnogol oedd Friedrich Hegel. Yr oedd ef yn ymwybodol yn ogystal o'r ffaith fod Cristnogaeth yn ei thro wedi disodli'r delweddau paganaidd, y rhai clasurol a'r rhai brodorol fel ei gilydd. Dan y pennawd 'Ai Judea, felly, yw Mamwlad y Tiwton?' fe fynegodd ei deimladau yn 1789 fel hyn:

> Y mae gan bob cenedl ei delweddaeth ei hun, ei duwiau, angylion, ellyllon, neu saint sydd yn dal i fyw yn nhraddodiadau'r genedl…
> Yr oedd gan yr hen Ellmyn hefyd, y Galiaid, y Llychlynwyr, eu Falhala (preswylfa eu duwiau)… [ond] Gwacaodd Cristnogaeth Falhala, dymchwelodd y llwyni cysegredig, dileodd y dychymyg cenedlaethol fel ofergoel gwaradwyddus, fel gwenwyn dieflig, ac yn eu lle rhoddodd i ni ddelweddaeth cenedl y mae ei hinsawdd,

ei chyfreithiau, ei diwylliant a'i buddiannau yn estron i ni, nad
oes gysylltiad o gwbl rhwng ei hanes hi a'r eiddo ninnau...
Felly yr ydym yn amddifad o unrhyw ddelweddaeth grefyddol
frodorol neu sy'n gysylltiedig â'n hanes, ac yr ydym yn amddifad o
ddelweddaeth wleidyddol o unrhyw fath.[36]

A ellid dweud yn amgenach am Gymru? Un Cymro oedd â
dychymyg digon effro i weld yr angen am ddelweddaeth arbennig
i fynegi gwerthoedd yr Ymoleuad oedd Iolo Morganwg. Ni
welodd ef eiriau Hegel, ond gallai yn hawdd fod wedi eu llefaru
yng nghyswllt sefyllfa Cymru ei ddydd. Ond, o ba le y deuai
deunydd crai y delweddau i fynegi'r grefydd a'r wleidyddiaeth
oleuedig? Gwrthod atgyfodi'r delweddau brodorol a ddisodlwyd
gan Gristnogaeth a wnaeth Hegel:

Methiant anochel bob amser fu'r gorchwyl o adfer i genedl
ei delweddau unwaith y'i collwyd... Nid oes gan yr hen
ddelweddaeth Ellmynig unrhyw beth y gallai gysylltu ag ef neu i
addasu iddo yn ein dydd ni.[37]

Ond nid yr un oedd agwedd pawb at y posibilrwydd o
anadlu anadl-einioes i mewn i esgyrn sychion hen ddelweddau'r
gorffennol. Er enghraifft, darganfu un grŵp o ddeallusion oedd
am sefydlu cymdeithas oleuedig eu delweddau yng ngorchest
Solomon yn adeiladu'r Deml, sef mudiad y Seiri Rhyddion.[38] I'r
gorffennol hefyd y troes Mozart am ddelweddau operatig i fynegi
gwerthoedd yr Ymoleuad.[39] Yn y gorffennol hefyd y darganfu
Iolo Morgannwg ddeunydd crai ar gyfer y delweddau a fynegai'r
gwerthoedd goleuedig newydd yng Nghymru. Gellid ailfeddiannu'r
etifeddiaeth 'dderwyddol' a ddisgrifiwyd gan hynafiaethwyr fel y
Parch. Henry Rowlands yn ei *Mona Antiqua Restaurata* (1723) a
rhoi ystyr newydd iddi. Felly yr esgorodd Iolo Morganwg yn 1792
ar Orsedd Beirdd Ynys Brydain.[40]

Yr oedd un amcan, o leiaf, yn gyffredin i Orsedd y Beirdd

a'r Seiri Rhyddion ar eu cychwyniad, sef bod yn gymdeithas o ddeallusion wedi ei sefydlu i hyrwyddo gwerthoedd yr Ymoleuad. Mae'r ddwy gymdeithas yn dewis delweddau o'r gorffennol, yn eu hail ddehongli, ac yn mynnu wrth wynebu'r byd, eu bod yn geidwaid gwirioneddau a fu'n hysbys i ddynion yn yr oesau bore, ac a gollwyd yn ddiweddarach, ond yn y dyddiau diwethaf hyn a ddatguddiwyd o'r newydd gan un neu ddau o etifeddion cymunrodd yr oesau cynnar. Maes o law, fe esgorodd ailddarganfod y gorffennol ar fudiad syniadol oedd yn wrthwynebus i werthoedd yr Ymoleuad, sef Rhamantiaeth, ond cyn hynny, cynigiodd y gorffennol ddelweddau i fynegi rhesymoliaeth a rhyddfrydiaeth.

Deuwn yn ôl at ein triawd, Iolo, Pughe a Jac. Ym mlwyddyn sefydlu'r Orsedd, cyhoeddodd William Owen Pughe ei *Heroic Elegies of Llywarch Hen.* Yn ei ragymadrodd cynhwysfawr mae'n trafod yr hyn a eilw yn 'Bardism':

> But beyond all doubt, there has been an era when science diffused a light amongst the *Cymry*, greater than will now be readily acknowledged, and that too in a very early period of the world. To the period above mentioned we must attribute the Institution of BARDISM, amongst the *Cymry*, a system embracing all the leading principles which tend to spread liberty, peace and happiness amongst mankind; and for that reason, perhaps, too perfect to be generally adopted by any nation, or body of people.[41]

A Pughe rhagddo i ymhelaethu ar erthyglau cred y beirdd fel hyn:

> What may be considered as the foundation of the Order was the doctrine of Universal Peace, and Good Will...[42]
> The next important object of the bardic Institution, was the free investigation of all matters contributing to the attainment of truth and wisdom, grounded upon the aphorism – 'COELIAW DIM, A CHOELIAW POB PETH' – *To believe nothing and to believe*

everything; that is to believe every thing supported by reason and proof, and nothing without...[43]

Another maxim of the order was, the perfect equality of its members...[44]

Distylliad o'r gwerthoedd sydd yn cael eu gosod gerbron y darllenydd Cymraeg gyda huodledd ac argyhoeddiad yn *Seren Tan Gwmmwl* a *Toriad y Dydd* yw'r erthyglau cred hyn. Nid ydym yn synnu i Jac gael ei urddo'n aelod o'r Orsedd yn fuan wedi iddi gael ei sefydlu.[45] Ni chawsai ef unrhyw drafferth i dderbyn egwyddorion y paganiaid newydd. Yr hyn oedd wrth wraidd yr amheuon parthed ei barchusrwydd oedd anesmwythyd y duwiolfrydig gyda beirniad cymdeithasol sy'n dibynnu ar reswm fel unig glorian moesoldeb a chyfiawnder. Diffyg 'crefyddoldeb ei feddwl', chwedl Llyfrbryf, a'i gwnaeth yn bagan iddynt hwy. Diolch i Iolo, cafodd Jac gyfrwng paganaidd mewn ystyr arall hefyd i fynegi a dathlu ei weledigaeth ddyneiddiol.

Ni wnaeth Jac Glan-y-Gors gyfraniad gwreiddiol i syniadaeth wleidyddol nac i athroniaeth, ond fe wnaeth gyfraniad hynod bwysig i lenyddiaeth Gymraeg. Drwyddo ef cafodd rhai o egwyddorion yr Ymoleuad fynegiant yn Gymraeg; hebddo byddai ein llên yn sylweddol dlotach, yn anghyflawn hyd yn oed fel llenyddiaeth Ewropeaidd. Ar ben hynny, mae ei ddelfrydau yn dal yn ddilys, ac ni chollodd ei eiriau eu gallu i ysbrydoli. Mae ei obeithion am y ddynolryw yn rhai y medrwn ninnau uniaethu ein hunain â hwy:

Hyfryd ydyw meddwl, ynghanol yr holl drawster a'r gorthrymder, a'r tywyllwch ag y sydd yn gorchuddio ein gwlad, fod rhyddid, rheswm, a chyfiawnder, wedi ymgodi ar eu haur esgill, ac yn hedeg ar awel gwirionedd, i ymweled a holl drigolion y ddaear![46]

Nodiadau

[1]   *Y Geninen*, i (1883), tt. 276-7.

[2]   *Gwaith Glan-y-Gors* (Cyfres y Fil, 1905), t. 10.

[3]   Ibid, t. 4.

[4]   Yn 1800 y daeth Rowlands i Gerrigdrudion yn ôl D. R. Thomas, *A History of the Diocese of St Asaph* (1870), Cyf. 2, t. 536. Yn ôl Bob Owen, Croesor, yr oedd Jac a'r person ar y pryd yn ffrindiau! Gweler Cynan, 'Jac Glan-y-Gors 1766–1821', *Trafodion Cymdeithas Hanes Sir Ddinbych*, cyf. 16 (1967), t. 63.

[5]   *Y Geninen*, i, tt. 277-8.

[6]   *Seren Gomer*, iv (1821), t. 215.

[7]   *Y Geirgrawn* (1796), t. 144.

[8]   David Williams, *A History of Modern Wales* (Llundain: John Murray, 1950), t. 172.

[9]   R. T. Jenkins a Helen Ramage, The History of the Honourable Society of Cymmrodorion and the Gwyneddigion Societies (1951), t. 123.

[10] J. J. Evans, *Dylanwad y Chwyldro Ffrengig ar Lenyddiaeth Cymru* (Lerpwl: Hugh Evans a'i Feibion, 1928), t. 154.

[11] *Y Geirgrawn*, t. 237.

[12] *Seren Tan Gwmmwl* (Lerpwl: Hugh Evans a'i Feibion, 1923), t. 38.

[13] Thomas Paine, *Rights of Man* (Harmondsworth: Penguin, 1969), tt. 56-7.

[14] *Toriad y Dydd*, t. 18.

[15] Thomas Paine, op. cit., t. 67.

[16] Theophilus Evans, *Drych y Prif Oesoedd* (Bangor: Jarvis & Foster / Llundain: J.M. Dent, 1902, argraffiad o fersiwn 1740), t. 100.

[17] *Seren Tan Gwmmwl*, t. 3.

[18] Ibid, tt. 9-10.

[19] Ibid, tt. 14-5.

[20] Ibid, t. 13.

[21] Charles Edwards, *Y Ffydd Ddiffuant* (Caerdydd: Gwasg Prifysgol Cymru, 1936, argraffiad o fersiwn 1677), t. 189.

[22] Theophilus Evans, *Drych y Prif Oesoedd* (Caerdydd: Gwasg Prifysgol Cymru, 1961, argraffiad o fersiwn 1716), t. 6.

[23] *Seren Tan Gwmmwl*, t. 3.

[24] Peter Gay, *The Enlightenment: An Interpretation* (Efrog Newydd / Llundain: Norton 1966), t. 37.

[25] *Seren Tan Gwmmwl*, t. 4.

[26] Ailargraffwyd yn Frank Price Jones, *Radicaliaeth a'r Werin Gymraeg yn y Bedwaredd Ganrif a'r Bymtheg* (Caerdydd: Gwasg Prifysgol Cymru, 1977), t. 34.

[27] *Seren Tan Gwmmwl*, tt. 41-3.

[28] Alan Bullock, *The Humanist Tradition in the West* (Efrog Newydd / Llundain: Norton , 1985), t. 58.

[29] *Toriad y Dydd*, t. 6.

[30] Ibid, t. 28.

[31] Ibid, tt. 9-10.

[32] Hans Reiss (gol.), *Kant's Political Writings* (Caergrawnt: Cambridge University Press, 1970), t. 54.

[33] *Toriad y Dydd*, t. 5.

[34] op.cit., t. 35.

[35] Peter Gay, op. cit., t. 8, ond gweler troednodyn diddorol 1 ar d. 9.

[36] T. M. Knox a Richard Kroner (cyf. a gol.), *On Christianity: Early Theological Writings by Friedrich Hegel* (Gloucester, Mass.: Peter Smith, 1970), tt. 145-7.

[37] Ibid, t. 149.

[38] Gweler John Hamill, *The Craft: A History of English Freemasonry* (Llundain: Guild Publishing, 1986), yn enwedig t. 20: '... the originators were a group, probably Nonconformist in character, opposed to State domination of religion who did not seek the overthrow of the established religion but rather the promotion of tolerance and the creation of a society in which men were free to follow their consciences in matters of religion. There is a common aim in both groups: the promotion of toleration and the consequent creation of a better society. The use of allegory at this time was a common didactic technique: what more appropriate allegory for the creation of a better society could be devised than the erection of an actual building? There was even a biblical metaphor to hand – the building of King Solomon's Temple.'

[39] Gweler Nicholas Till, *Mozart and the Enlightenment* (Llundain / Boston: Faber and Faber, 1992).

[40] Gweler Prys Morgan, 'From a Death to a View; The Hunt for the Welsh Past in the Romantic Period' yn Eric Hobsbawm a Terence Ranger, *The Invention of Tradition* (Caergrawnt: Cambridge University Press, 1983).

[41] William Owen [Pughe] (gol.), The Heroic Elegies and Other Pieces of Llywarch Hen (1792). t. xxiv.

[42] Ibid, t. xxv.

[43] Ibid, t. xxvi.

[44] Ibid.

[45] Geraint a Zonia Bowen, *Hanes Gorsedd y Beirdd* (Dinbych ?: Cyhoeddiadau Barddas, 1991), t. 31.

[46] *Toriad y Dydd*, tt. 31-2.

Genefa, Paris a Dinbych: Agweddau ar *Gair yn ei Amser* Thomas Jones o Ddinbych

Thomas Jones o Ddinbych. (Portread yn *Cofiant Y Parch Thomas Jones* o Ddinbych, Jonathan Jones, 1897)

THOMAS JONES O DDINBYCH oedd un o brif adeiladwyr Methodistiaeth Gymreig yn y cyfnod pan oedd y mudiad hwnnw yn sefydlu ei hunaniaeth fel enwad. O ran ei hathrawiaeth, adeiladwyd yr eglwys ifanc ar sylfeini diwinyddol John Calfin, diwygiwr Protestannaidd Genefa. Bu ei ddysgeidiaeth fel colofn o niwl ac o dân i'r mudiad Cymreig, fel y dengys y penderfyniad i fabwysiadu'r ansoddair 'Calfinaidd' pan ddaeth yr amser i sicrhau enw i'r enwad. Ceisiodd Thomas Jones lywio'r Methodistiaid yn ddiogel rhwng peryglon diwinyddol Arminiaeth ar y naill law ac Uchel Galfiniaeth ar y llall. Yr oedd galw am arweiniad i'w diogelu rhag peryglon syniadol eraill hefyd, rhai â'u tarddiad yn Ffrainc. Y digwyddiadau ym Mharis yn 1789, ac ymateb rhai Cymry blaengar iddynt, oedd yr ysgogiad a barodd i Thomas Jones gyhoeddi *Gair yn ei Amser* yn 1798.[1] Ei fwriad oedd gwrthweithio dylanwad syniadau radicalaidd pamffledwyr, fel Jac Glan-y-Gors,[2] a groesawai egwyddorion y Chwyldro Ffrengig, a phellhau'r Methodistiaid yn gyhoeddus oddi wrth y fath agweddau.

Ond, pa mor bell, mewn gwirionedd, oedd egwyddorion sylfaenol y Chwyldro Ffrengig a Chalfiniaeth oddi wrth ei gilydd? 'O ble y deilliodd athrawiaethau'r meddylwyr mawr Ffrengig, a oedd mor newydd a beiddgar yn Ffrainc, ac mor groes i rai'r genhedlaeth flaenorol...?'[3] gofynna un hanesydd. Ei ateb i'w gwestiwn ei hun yw, 'Tarddasant yn ddiamheuol mewn ffynonellau Calfinaidd'.[4] Awgrymodd un awdur diweddar fod y chwyldro ym Mharis yn 1789 'yn blentyn' i'r chwyldro a gafwyd yng Ngenefa yn 1535.[5] Maentumiodd Jac Glan-y-Gors mai yn America y cododd 'seren foreu rhyddid', a bod 'gwynt cyfiawnder' wedi ei chwythu i gyfeiriad Ffrainc.[6] Un o'r grymoedd syniadol cryfaf yn y trefedigaethau Americanaidd oedd Calfiniaeth: 'I bob diben' meddai Ranke, 'John Calfin oedd sefydlydd America'.[7]

Yn wyneb dehongliadau fel hyn o'r berthynas rhwng y diwygiad yng Ngenefa a'r chwyldro ym Mharis, hoffwn geisio gosod *Gair yn ei Amser* mewn cyd-destun syniadol, sef edrych ar ei gynnwys o safbwynt egwyddorion Calfinaidd, a gweld pa mor Galfinaidd ydyw mewn gwirionedd. Mae'n rhaid i ni fod yn ymwybodol o dri ffaith ar y cychwyn, fodd bynnag. Yn gyntaf, mae dwy ganrif a hanner rhwng cyfnodau John Calfin a Thomas Jones. Yn ail, nid yw Methodistiaeth Galfinaidd yn tarddu'n uniongyrchol o'r diwygiad yng Ngenefa, fel Presbyteriaeth yr Alban, er enghraifft, ac ni fyddai Thomas Jones yn gweld ei hun yn ddisgybl ymrwymedig i bob gair a sillaf a ynganwyd gan Calfin. Calfiniaeth Anglicanaidd a etifeddodd Thomas Jones o Ddinbych. Yn drydydd, ni fyddai'r hyn sy'n dwyn yr enw 'Calfiniaeth' o angenrheidrwydd yn cael ei gymeradwyo gan Galfin ei hun. Cofiwn ddatganiad Karl Marx nad oedd ef ei hun yn 'Farcsydd'! Edrychwn ar rhyw bum pwnc a drafodir yn *Gair yn ei Amser* yng ngoleuni dysgeidiaeth Calfin a'i ddilynwyr sef: dinasyddiaeth, rhyfel, Rhagluniaeth, brenhiniaeth ac ufudd-dod gwleidyddol.

Gan ddilyn R. T. Jenkins, awgryma Frank Price Jones yn ei gyflwyniad i'w adargraffiad o *Gair yn ei Amser* nad oedd y Methodistiaid yn ymddiddori mewn gwleidyddiaeth: "'ar ben y daith" yn hytrach nag ar "droeon yr yrfa" yr oedd holl fryd y "pererinion" hyn'[8] meddai ef. Yr ymadrodd a ddefnyddiai R. T. Jenkins i ddisgrifio agwedd y Methodistiaid tuag at faterion gwladol oedd 'llonyddwch'.[9] Ond go brin fod 'llonyddwch' yn cyfleu ysbryd yr anogaeth wladgarol a gafwyd gan Thomas Jones yn ei bamffled:

Y mae'n amser heddyw i gyd-ymgynhyrfu, mewn prysurdeb a ffyddlondeb eithaf, yn yr achos cyffredin. Os ydym yn caru Duw, carwn ein gwlad: ac os ydym yn caru ein gwlad, dyma'r amser i ddangos ein caredigrwydd atti. Bydded i'w hachos gael y blaen ar ein helw, ein hesmwythdra, ïe, a'n diogelwch tymhorol ein hunain. Bydded pob un yn barod, yn ei le a'i sefyllfa, ac yn ol ei allu, i ufuddhau i alwad y Llywodraeth, ac i gyflawni'r gwasanaeth a osodo hi ynddo.[10]

Yn sicr y mae'r pethau hyn oll yn galw arnom i ddeffrôi o ddifrif.[11]

Mae'r agwedd gadarnhaol hon tuag at ddyletswyddau dinesig yn gwbl nodweddiadol o safbwynt Calfin ei hun. Defnyddiodd yntau hefyd ddelwedd y pererinion i fynegi'r hyn a welai ef yn agwedd briodol tuag at y bywyd dinesig, eithr nid i ddatgan fod 'troeon yr yrfa' yn amherthnasol i'r sawl sydd â'u bryd ar 'ben y daith':

Ond os yw Duw yn ewyllysio i ni, tra'n ceisio gwir dduwioldeb, i fod yn bererinion ar y ddaear, a bod y fath gymorth [cyfraith y wlad] yn angenrheidiol ar gyfer y bererindod honno, byddai'r sawl a amddifadai ddynion ohoni yn dwyn eu dyneiddiaeth [humanitas] oddi wrthynt.[12]

Pwysleisia Calfin bob amser y gwahaniaeth rhwng y ddwy ddinasyddiaeth (daearol a nefol), ond nid yw byth yn difrïo na diystyru pwysigrwydd dinasyddiaeth ddaearol. Yn wir, mae ganddo ddehongliad aruchel ohoni:

Er i ni rybuddio fod llywodraeth [ddinesig] yn gwbl wahanol i deyrnas ysbrydol a mewnol Crist, rhaid i ni gydnabod nad ydynt yn wrthwynebus i'w gilydd. Mae'r cyntaf i ryw raddau yn rhoi cychwyniad i'r deyrnas nefol o'n mewn yma ar y ddaear...[13]

Credai Calfin y gallai llywodraethau daearol fod yn foddion i amddiffyn eglwys Dduw a chynnal ei ddeddfau. Mae'n amlwg fod y Methodistiaid Cymreig wedi ymagweddu tuag at deyrnasiad Siôr III yn enghraifft amlwg o'r fath lywodraeth, fel y dengys y pennill hwn o farwnad yr emynydd Methodistaidd, Edward Jones, Maes-y-plwm, i'r brenin hwnnw:

E ga'dd yr eglwys ddwys, ddewisol,
SIOR, do, yn gaerau da rhagorol,
....
Ein Duw yn dadol in' a'i dododd,
Ac yn helaeth a'i cynnaliodd,
Yn gysgod hir,
Ar for a thir,
I'r gwir yr hwn a garodd.[14]

Yn yr un cywair, mae Edward Jones yn gweddïo dros Siôr IV:

Ein brenin newydd, dedwydd, dwys,
F'o 'n blaid i d' eglwys di;
Ac ar ei galon, ddydd a nos,
Wneyd lles i'w hachos hi.

Dysg iddo wrthwynebu'r drwg,
Sy'n amlwg is y nef;
A dos yn blaid, i'w ddi-baid ddal,
I'w lys, a'i gynnal ef.

Dysg iddo droi, neu roi ei rym,
I daro'n llym bob dydd
Yn erbyn cynnydd beiau cas,
Am soddi'r deyrnas sydd.[15]

Fel Thomas Jones, gwêl Edward Jones mai dyletswydd y Methodistiaid yw bod yn gefn i'r wladwriaeth. Mae'n deisyfu teyrngarwch i Siôr IV a'i lys:

A ninnau'n llu
Fo'n dal o'i du
I fyny'r hen faner
Er cynnal llys golygus Lloegr,
Heb na thristwch mwy na thrawsder.[16]

Mae'n siŵr y byddai Calfin wedi cymeradwyo penderfyniad Howell Harris i geisio nodded y gyfraith sifil yn wyneb yr erledigaeth lem a chreulon a wynebai'r Methodistiaid yn Ninbych yn 1752/3.[17] Byddai hefyd wedi cymeradwyo penderfyniad Thomas Jones i alw ar bobl Dduw i fod yn nodded i'r wladwriaeth pan oedd hithau mewn argyfwng. Yn sicr nid dyma'r amser i bobl Dduw fod yn llonydd.

Pa faint mwy cadarn a fydd gwlad yn debygol o fod, pan fo ei thrigolion, neu ran fawr ohonynt, yn ymroddi y'mlaen llaw i gael eu harfogi, eu cydgorphori, eu dysgu, a'u harwain, gan Swyddogion addas! Os gelwir ar y Cymry yn y modd hwn, gyd âg eraill o'n cyd-ddeiliaid, yr wyf yn gobeithio y dangosant barodrwydd i groesawu'r alwad: Yr wyf yn gobeithio hyn, meddaf, am fy mod yn meddwl, fod Rhagluniaeth Duw, yn bresennol, yn ei gosod yn ddyletswydd arnom i wrthsefyll ymgyrch yr yspeilydd creulon, fel ag y mae hi hefyd yn uchel yn ein galw i edifarhâu, a gadael ein pechodau.[18]

Mae'n amlwg o hyn na ddisgwyliai Thomas Jones i Fethodistiaid fynegi unrhyw wrthwynebiad cydwybodol i wasanaeth yn y lluoedd arfog. Tua deugain mlynedd ynghynt yr oedd Howell Harris wedi arfogi pump o wŷr i ymladd y Ffrancod yng Nghanada. Perswadiodd bump ar hugain o rai eraill i ymuno â rhengoedd milisia Sir Frycheiniog, a phan aethant ar ddyletswydd i Yarmouth, fe aeth gyda hwynt yn is-gapten.[19] Mae Thomas Jones yn dyfynnu'r proffwyd Nehemia (Nehemeia 4:14) wrth danlinellu ei alwad ar bawb i ddeffro, a gwneud eu dyletswydd milwrol:

Cofiwch yr Arglwydd mawr ac ofnadwy, ac (*os bydd raid*) ymleddwch dros eich brodyr, eich meibion a'ch merched, eich gwragedd a'ch tai.[20]

Unwaith eto gwelwn gysondeb â safbwynt Calfin. Yn Bannau'r Grefydd Gristnogol (*Institutio Christianae religionis*), dadleuai nad oedd dim wedi digwydd gyda dyfodiad Cristnogaeth i newid cyfreithlondeb rhyfel yn unol â dysgeidiaeth yr Hen Destament. Cafodd yr Iesu gyfleoedd i gondemnio milwraeth fel galwedigaeth pan ymgomiai â milwyr, ond ni wnaeth hynny. Cyfeiria Calfin, gan ddilyn Awstin, yn benodol at Luc 3:14:

Byddai dynion ar wasanaeth milwrol hefyd yn gofyn iddo, 'Beth a wnawn ninnau?' Meddai wrthynt, 'Peidiwch ag ysbeilio neb trwy drais neu gamgyhuddiad, ond byddwch fodlon ar eich cyflog.'

Nid oes yma un awgrym, meddai Awstin (a ddyfynnir gan Calfin), na ddylent wasanaethu yn y fyddin. I'r gwrthwyneb, mae'r anogaeth i fod yn fodlon ar y cyflog yn awgrymu fod y gwaith yn anrhydeddus.[21]

Wrth gwrs, ni chawn yng ngwaith Calfin na Thomas Jones unrhyw gefnogaeth i filitariaeth. Mae'n arwyddocaol iawn fod Thomas Jones wedi ychwanegu tri gair o'i eiddo ei hun at yr adnod a ddyfynnodd o Nehemia. Cyn y gair 'ymleddwch' ychwanega'r geiriau hyn, mewn cromfachau, ac wedi eu hitaleiddio, '(*os bydd raid*)'. A gadael o'r neilltu am y tro y priodoldeb o ddiwygio darn o ysgrythur, rhaid dweud fod y geiriau ychwanegol yn gwbl gyson â'r dyngarwch sy'n nodweddu holl waith Thomas Jones. (Dywed am y Ffrancod, 'Un Tad sydd i ni oll: Creaduriaid Duw ydynt, er eu bod yn elynion i'n teyrnas ni'.[22]) Mae hefyd yn gyson â rhybudd Calfin i dywysogion fod yn ochelgar iawn wrth ddefnyddio grym milwrol. Rhaid iddynt geisio pob dull arall cyn troi at arfau.[23]

Er nad yw ymladd mewn rhyfel yn waharddedig i Gristion, na rhyfel fel y cyfryw yn bechod dan bob amgylchiad, credai Calfin fod Rhagluniaeth yn medru defnyddio rhyfel a gorthrwm i gystwyo cenhedloedd am eu pechodau. Felly, deil Thomas Jones mai pechod sydd wrth wraidd y rhyfel a ymladdai Prydain yn erbyn Ffrainc.

Pa beth bynnag oedd, fel ail achosion yn ei fagu, pechod oedd yr achos gwreiddiol a phennaf o hono.[24] [italeiddio Thomas Jones]

Os felly, pechod pwy – pechod Ffrainc neu bechod Prydain? Etyb yn ddiamwys:

Ein pechodau *ni* sy wedi magu rhyfel a blinder[25]

Dyma sut y dewisodd Thomas Jones ddehongli argyfwng Prydain yn 1798:

Y mae Ffraingc, yn y blynyddoedd hyn, yn fwyall drom finiog; ac yn ysgythru'n dost. Ond cofiwn mai Rhagluniaeth ddoeth y Nef yw'r llaw sydd wedi ei chodi, ac a fedr ei hattal, neu ei thaflu heibio. Gan hynny, y mae cyfyngder ein gwlad, y'nghŷd â rhwysg, bygythion, a chynddaredd, y gelyn, yn sicr yn galw arnom i ymostwng, o'r uchaf i'r isaf, fel pobl Ninife gynt...[26]

Nid yw Thomas Jones yn gwneud cyfeiriad ato, ond defnyddiodd Eseia ddelwedd y fwyell (Eseia 10:15) wrth broffwydo ymosodiad yr Asyriaid ar Jwda. Meddai Duw am Asyria, 'ef yw ffon fy nigofaint. Anfonaf ef yn erbyn cenedl annuwiol' (10:5, 6). Ond nid Asyria biau'r fuddugoliaeth derfynol, 'paid ag ofni yr Asyriaid, er iddynt dy guro â gwialen... Canys ymhen ychydig bach fe dderfydd fy llid, a bydd fy nigofaint yn troi i'w difetha hwy.'(10:24, 25)

Gallech feddwl mai effaith ffydd mewn Rhagluniaeth fyddai gwneud y sawl a gred ynddo'n ddiymadferth, ond y gwrthwyneb fu ymateb Calfin a'i ddilynwyr. Yn bendant iawn, mae Calfin yn rhybuddio rhag gorffwys yn ddiymadferth a gadael i Dduw gyflawni ei ddibenion heb gydweithrediad ei etholedigion. Yn hytrach, rhaid iddynt fod yn effro i ateb yr alwad i fod yn gyfryngau gweithredu dibenion Duw. Mae Calfin yn annog credinwyr i ymdrechu hyd eithaf eu gallu er sicrhau fod bwriadau Duw yn cael eu cyflawni ar y ddaear, gan ddyfynnu anogaeth Joab i'w frawd pan wynebai luoedd yr Amoniaid: 'Bydd bybyr, ac ymwrola dros ein pobl, a thros ddinasoedd ein Duw: a gwnaed yr Arglwydd yr hyn a fyddo da yn ei olwg ef (II Samuel 10:12). Dyma un o nodweddion amlycaf Calfiniaeth. Mae'n annog credinwyr i fod yn egnïol yn eu hymdrechion i fod yn gyfryngau effeithiol i amcanion Rhagluniaeth, tra'n derbyn ar yr un pryd na fydd dim yn digwydd yn groes i ewyllys Duw.

Nid canlyniadau brwydrau yn unig sydd dan reolaeth Rhagluniaeth, ond llwyddiant cymdeithas yn gyffredinol, gan gynnwys y drefn economaidd. Nid ffactorau damweiniol sy'n peri fod rhai unigolion yn gyfoethog ac eraill yn dlawd. Yn ôl Calfin,

Rhagluniaeth a drefnodd hynny, ac i Thomas Jones mae addewid arweinwyr y Chwyldro Ffrengig y byddant yn amddifadu'r goludog o'u cyfoeth er mwyn sicrhau cydraddoldeb economaidd yn ymgais i danseilio trefn y mae hyd yn oed rheswm yn tystio i'w hangenrheidrwydd.

Diau pe gadawai'r gelynion i'r rhai tlotaf yn y tir gael rhan helaeth o holl gyfoeth y Boneddigion, y Marsianwŷr, &c. ni wnâi'r ysglyfaeth ond ychydig les; neu yn hytrach ond y mawr niweid. Buan y darfyddai'r wledd wyllt, gan adael y tlodi, yr annhrefn a'r newyn dygnaf o'i hol. O herwydd fe all pob dyn a arfero ei reswm wybod,

1. Nad oes dim modd i bawb fod yn gyfoethogion mewn un wlad pa bynnag:
2. Mai trwy fod etifeddiaethau a moddion helaethach gan rai, y mae llafurwaith a chelfyddydau, ac yn ganlynol bywoliaeth i gyffredin, yn cael eu dal i fynu, Ac,
3. ped yspeilid y cyfoethogion, y byddai i attaliad gorchwylion, ac afreolaeth, y'nghyd â'u holl ganlyniadau blin, ruthro arnom yn eu grym mwyaf. Buan y teimlid colled y cyfoethogion yn golled i'r tlodion hefyd.[27]

Byddai Calfin yn medru derbyn y dadansoddiad hwn heb drafferth. Credai ef mai rhodd oddi wrth Dduw yw pob cyfoeth. Nid yw'r gwahaniaeth rhwng y tlawd a'r cyfoethog yn arwydd o wendid mewn cymdeithas, ond yn hytrach mae'n rhan o gynllun Rhagluniaeth.[28] Mae'n ddyletswydd ar y da eu byd i gynnal y tlodion,[29] ond condemniodd Calfin y syniad y dylid ysbeilio'r cyfoethog er mwyn ailddosbarthu eu heiddo i'r tlodion.[30] Mae'n ein hatgoffa fod Lasarus y cardotyn wedi gorffwys yn y diwedd ym mynwes Abraham, a oedd yn ŵr goludog![31] Gwrthwynebai'r egwyddor gomiwnyddol[32] a gwadai fod yr Eglwys Fore yn gymdeithas gomiwnyddol.[33]

I ddychwelyd at y posibilrwydd mai bwyell yn llaw Duw yw'r Ffrancod: fe gyfyd y cwestiwn, os Duw a'u cododd yn ein herbyn, a ddylem ni eu gwrthwynebu? Oni fyddai hyn yn gyfystyr â cheisio tanseilio barnedigaethau Rhagluniaeth? Ni chawn ateb i'r cwestiwn yn *Gair yn ei Amser*. Yr unig beth a gawn yno yw anogaeth i 'ymbil â Duw yn ostyngedig' ac i 'fod yn ufudd' i'n llywodraeth ein hunain. Rhaid i ni gofio ei bod yn 'orchymmyn i ni bob amser "fod yn ddarostyngedig i'r tywysogaethau a'r awdurdodau, fod yn ufudd, fod yn barod i bob gweithred dda".'[34] Codwyd yr ymadroddion hyn o'r Testament Newydd (Titus 3:1), ac mae'n amlwg fod Thomas Jones wedi teimlo'r angen i danlinellu sail ysgrythurol ei safbwynt, oherwydd pan ymddangosodd ailargraffiad *Gair yn ei Amser* yr oedd wedi ychwanegu ôl-nodyn yn cynnwys adnodau o'r Hen Destament a'r Newydd i gefnogi'r pwynt.[35] Ymhlith yr adnodau hynny mae, 'Na felldithia'r brenin yn dy feddwl'. (Pregethwr 10:20)

Nid oedd Calfin mor frwdfrydig â hynny dros frenhinoedd. Mewn astudiaeth bwysig o'i syniadau ar gyfansoddiadau gwladol, dangosodd Harro Hopfl pa mor llaw drwm y gallai Calfin fod ar frenhinoedd yn ei bregethau a'i esboniadau Beiblaidd (yn fwy felly nag a fu yn *Bannau'r Grefydd Gristnogol*).[36] Dyma flas o'r hyn a ddywedai Calfin:

> Gwyddom, wrth gwrs, pa mor anniwall yw gwanc brenhinoedd: tybiant y gallant wneud yr hyn a fynnant.
> Ymchwyddwyd hwy i'r fath raddau gan eu balchder fel y tybiant i'r byd gael ei greu i neb ond hwynt hwy.
> Eu hunig ofal yw helaethiad eu grym, 'pydewau diwaelod o afradedd ydynt.
> Maent fel afonydd nerthol sy'n fwy chwannog i foddi eu deiliaid na'u diwallu.
> Lleinw eu rhyfeloedd y gwledydd â gweddwon ac amddifaid, a phan hysbysir hwynt o rifedi'r dynion a gwmpodd mewn brwydr, eu hunig ymateb yw, "dygwch ragor i ni felly!"

Yn *Bannau'r Grefydd Gristnogol*, mae Calfin yn cymharu tair ffurf ar lywodraeth, sef brenhiniaeth, democratiaeth ac aristocratiaeth [h.y., llywodraeth gan y dethol – 'aristocratiaeth' yn ystyr llythrennol y tarddiad Groeg: *aristos* = y gorau, *kratia* = llywodraeth]. Gwêl fod gan bob un ei wendid: tuedd brenhiniaeth yw mynd yn ormesol, tuedd democratiaeth yw ymddatod mewn ymrysonau a thuedd aristocratiaeth yw ffafrio'r ychydig. O'r tri, mae Calfin yn y diwedd yn bleidiol i lywodraeth gan y dethol, gyda gogwydd tuag at ddemocratiaeth gynrychioliadol, oherwydd credai fod rhannu awdurdod yn iachach na'i ganolbwyntio ar un dyn.[37] Adlewyrchir barn Calfin ar lywodraeth wladol yn y ffurf o lywodraeth eglwysig a ddatblygwyd ganddo yng Ngenefa, sef Presbyteriaeth. Mae'r gyfatebiaeth rhyngddynt yn drawiadol.[38] Pan ddaeth Iago VI, brenin yr Alban, i Loegr i deyrnasu fel Iago I, deallodd yn syth fod esgobyddiaeth yn fwy cydnaws â brenhiniaeth na Phresbyteriaeth, fel y dengys ei sylw epigramatig yng Nghynhadledd Hampton Court, 'Dim esgob: dim brenin!'

Ni welai Calfin unrhyw ddadl o blaid brenhiniaeth yn y Beibl. Cyn iddynt godi awydd i ddynwared cenhedloedd eraill a chael brenin, yr oedd gan yr Israeliaid lywodraeth y barnwyr, ffurf ar lywodraeth a ddisgrifir gan Calfin fel un aristocrataidd gydag elfennau democrataidd, ac un a sefydlwyd gan Dduw ei hun er eu lles. Er i Dduw yn y diwedd ganiatáu iddynt gael brenin, nid yw Calfin yn dehongli hyn fel arwydd bod brenhiniaeth yn rhagori ar aristocratiaeth. Dywed fod Duw wedi gwneud Dafydd yn frenin er mwyn i'r Israeliaid gael delwedd o'r Meseia.[39]

Beth bynnag, nid yw Calfin yn meddwl fod unrhyw batrwm o lywodraeth o angenrheidrwydd yn addas i bob gwlad ym mhob cyfnod. O sylwi ar lywodraethau'r byd, mae'n amlwg fod Rhagluniaeth wedi gosod gwahanol bobloedd dan wahanol gyfansoddiadau, yn union fel y gosododd y gwahanol wledydd dan wahanol fathau o dywydd. Gosododd Duw deyrnasoedd dan frenhinoedd, a dinasoedd rhydd dan gynghorwyr, ond dyletswydd

Cristnogion yw ufuddhau ac ymostwng i'r llywodraeth a ddarparodd Rhagluniaeth ar eu cyfer, pa gyfansoddiad bynnag sydd i'r wladwriaeth honno.

Beth os yw'r brenin neu'r llywodraeth yn anghyfiawn? Yn ôl Calfin fe berthyn hyd yn oed i frenhinoedd felly 'fawrhydi cysegredig'. Offeryn yn llaw Rhagluniaeth yw brenhinoedd a llywodraethwyr o bob math, drwg a da. Gall brenin annuwiol fod yn gyfrwng barn Duw. Offeryn yn llaw Duw oedd Nebuchodnosor a Belsassar. Cofier anogaeth Jeremeia i'r Israeliaid, 'Rhowch eich gwar dan iau brenin Babilon, a'i wasanaethu ef a'i bobl'. (Jeremeia27:12) Rhybuddiodd Samuel yr Israeliaid sut y byddai brenhinoedd yn eu trin cyn ildio i'w hawydd i gael un, ond o gael un, eu dyletswydd o hynny ymlaen oedd 'ufuddhau' a 'dioddef'. Mae ymddygiad y darpar frenin Dafydd tuag at Saul, pan oedd hwnnw'n ei erlid heb achos, yn fynegiant o'r agwedd gywir at frenin gorthrymus (1 Samuel 24:10):

> Nid estynaf fy llaw yn erbyn f'arglwydd, oherwydd eneiniog yr Arglwydd yw.

Beth yw sail y damcaniaethau Calfinaidd ar ufudd-dod gwleidyddol? Man cychwyn safbwynt Calfin yw'r syniad fod awdurdod gwleidyddol yn awdurdod a ddirprwywyd gan Dduw. Gweinidogion i Dduw a'i gynrychiolwyr ef yw llywodraethwyr, ac maent i'w parchu fel y cyfryw. Ysywaeth, medd Calfin, bydd rhai dinasyddion yn ufuddhau i'w llywodraethwyr mewn ysbryd annheilwng, gan eu gweld fel drygau angenrheidiol. Ond nid dyna'r ysbryd cywir. Onid e, ni fyddai'r ysgrythur yn ein gorchymyn i 'anrhydeddu'r brenin' (I Pedr 2:17). Rhaid parchu llywodraethwyr, beth bynnag yw eu ffaeleddau a'u annheilyngdod dynol, oherwydd tarddiad a natur eu hawdurdod.

Ni allwn ddweud pa mor bell y byddai Thomas Jones yn dymuno mynd ar y trywydd hwn. Iddo ef, nid yw galw ar ei ddarllenwyr Cymreig a Methodistaidd i fod yn deyrngar i'r brenin a'i lywodraeth yn ofyn caled. Llywodraeth lesol i'w dinasyddion yw'r un a osodwyd ar Brydain yn ei farn ef:

> ... mi feddyliwn y dylai fod arnom rwymau mwy i fod yn *ufudd*, ac yn *barod i ufuddhau*; gan fod ein Llywodraeth wladol yn cael ei huchel fygwth, a'r Llywodraeth honno wedi bod yn offerynol i ddwyn i ni gymmaint rhagor-freintiau, os nid mwy, nag y mae un genedl, trwy gylch y ddaear yn eu mwynhâu.[40]

Byddai Calfin yn cytuno â Thomas Jones bod dyletswydd arbennig ar Gristnogion i gefnogi llywodraethau cyfiawn:

> Cytunaf yn rhwydd nad oes unrhyw ffurf o lywodraeth yn rhagori ar honno lle sicrheir rhyddid o fewn terfynau, dan gyfundrefn sefydlog. Credaf fod y sawl sy'n mwynhau'r fath amodau yn ffortunus dros ben, a phan ymdrechant yn egnïol i'w diogelu a'u cadw, ni wnânt ddim amgenach na'u dyletswydd. Dylai'r swyddogion ymdrechu hyd yr eithaf i rwystro'r rhyddid hwnnw, y gosodwyd hwynt yn warchodwyr arno, rhag cael ei erydu neu hyd yn oed ei sarnu. Os ydynt yn ddiog neu'n ddiofal yn hyn o beth, bradychant eu swydd a'u gwlad.[41]

Serch ei fod, yn bersonol, yn ffafrio llywodraeth ar y patrwm aristocrataidd, hynny yw, gwerinlywodraeth o ryw fath, byddai Calfin yn derbyn y gallai llywodraeth frenhiniaethol fod yn gyfiawn. Nid yw'n annhebygol, felly, y byddai ganddo gryn dipyn o gydymdeimlad â chwynion Jac Glan-y-Gors yn erbyn brenhinoedd, ond mai Thomas Jones a gâi ei gefnogaeth, am fod y frenhiniaeth ym Mhrydain yn gymharol oleuedig a sefydlog, ac mai dyma'r patrwm a osodwyd gan Ragluniaeth ar y wlad. Ond, er bod Calfin yn bendant iawn mai lle Cristnogion yw ufuddhau i frenhinoedd anghyfiawn yn ogystal â'r rhai cyfiawn, mae am i'w ddarllenwyr ddeall nad yw hyn o angenrheidrwydd yn golygu na ddymchwelir brenhinoedd gorthrymus. 'Gwrandawed ac ofned holl dywysogion y ddaear', meddai yn iasol yn y 'Bannau'.[42] Duw ei hun sydd yn dymchwel y gormeswyr, ac fe all wneud hynny drwy gyfrwng dynion. Ond, ac mae hwn yn 'ond' mawr iawn, nid mater i'w benderfynu gan ddeiliaid brenhinoedd anghyfiawn, o'u pen a'u pastwn eu hunain, fel petai, yw hyn.

Lle ceir 'swyddogion y bobl', meddai Calfin, megis y gwelwyd yn yr hen fyd gyda'r Tribiwniaid Rhufeinig, gallant hwy 'atal cynddaredd a thrachwant brenhinoedd'. Ymhlith y sefydliadau gwleidyddol a geid mewn nifer o wledydd yn ei oes ei hun, mae Calfin yn enwi Cynulliad Tair Ystad y Deyrnas yn gorff a allai wrthsefyll brenin.[43] Fe wyddom ni, wrth gwrs, mai cynnull yr Ystadau yn Ffrainc, rhyw ddau gan mlynedd yn ddiweddarach, oedd yr union achlysur a arweiniodd at Chwyldro 1789. Ond ym mrawddegau olaf y 'Bannau' fe'n rhybuddir oll, yn wrêng a bonedd fel ei gilydd, fod terfyn pendant i ufudd-dod. Nid yw ein dyletswydd i ufuddhau i'r llywodraeth yn ymestyn i gynnwys anufuddhau i orchmynion Duw. Felly, nid oedd Daniel ar fai pan wrthododd ufuddhau i'r brenin Darius, ond yr oedd yr Israeliaid ar fai am ufuddhau i orchymyn Jeroboam i addoli'r lloi aur. Meddai Pedr yn yr Actau, 'Rhaid ufuddhau i Dduw yn hytrach nag i ddynion' (Actau V. 29).

Unwaith y cafwyd y cyfiawnhad hwn dros beidio ag ufuddhau i frenhinoedd, fe agorwyd cil y drws i Galfiniaid a brofasai erledigaeth gan lywodraethau gwrthwynebus geisio ei agor ymhellach. Hyd yn oed yn ystod oes Calfin, yr oedd John Knox wedi cyhoeddi mewn pamffled yn 1558, sy'n dwyn y teitl *The First Blast of the Trumpet against the Monstrous Regiment of Women*, ei bod yn ddyletswydd (nid hawl, sylwer) ar Gristnogion i ddiorseddu brenhines fel Mari Tudur, am ei bod yn sarnu deddfau a gogoniant Duw ac yn erlid saint Duw. Yn wir, galwai am weithredu'r gosb eithaf ar y Jesebel honno.[44] Tramgwyddwyd Calfin gan bamffled Knox, ac yr oedd yn ddig iawn pan ddeallodd mai yng Ngenefa y cafodd ei argraffu. Yr oedd arweinwyr Eglwys Seisnig Genefa ar yr un donfedd â Knox, a phryderai Calfin am yr hyn a ddywedent. Gwnaeth llyfryn gan Christopher Goodman, *How Superior Powers ought to be obeyed*

and wherin they may lawfully by God's Worde be disobeyed and resisted
i Galfin deimlo'n anesmwyth iawn, ond cyfaddefai fod gwirionedd
ynddo.[45] Mynnai Goodman fod cyfrifoldeb ar ddinasyddion
cyffredin, yn ogystal ag ar swyddogion y bobl, i sicrhau fod eu
tywysogion yn ddarostyngedig i ddeddfau Duw, a'u bod yn rhydd
o'r dyletswydd i ufuddhau i dywysogion eilunaddolgar.

Arweiniodd Cyflafan y Protestaniaid yn Ffrainc ar Ddydd Sant
Bartholomeus 1572 at gyfres o ddatganiadau gan Galfiniaid o blaid
gwrthwynebu gormeswyr annuwiol. Felly, yn 1573 cyhoeddodd
olynydd Calfin yng Ngenefa, Theodre de Beze, ei *Droit des
Magistrats*. Ynddo mae'n datgan mai drwy swyddogion y bobl
y dylid gwrthwynebu brenin cableddus, ond os methant hwy,
rhaid i'r dinasyddion roi eu teyrngarwch i Dduw yn gyntaf, ac
yna i'w gwlad, yn hytrach nag i frenin neu swyddog diffygiol. Yn
1573 hefyd ymddangosodd *Franco-Gallia* gan yr Huguenot alltud,
François Hotman, lle mynegodd yn groyw fod gan Ystadau'r
Deyrnas yn Ffrainc yr hawl i orseddu a diorseddu eu brenhinoedd.
Yn yr Alban yn 1579 argraffwyd llyfr y dyneiddiwr Calfinaidd,
George Buchanan, *De jure regni apud Scotos*, i fynegi'r un egwyddor
yn achos yr Alban – ac unrhyw wlad arall a lywodraethid yn
gyfiawn! Yn 1581, mewn Datganiad o Annibyniaeth, cyhoeddodd
Ystadau'r Deyrnas yn yr Iseldiroedd, gwlad a ddaeth yn drom dan
ddylanwad Calfiniaeth, nad oedd Duw wedi creu deiliaid i fod
yn gaethweision i dywysogion, ond yn hytrach bod tywysogion
i wasanaethu eu deiliaid, a bod hawl i ddiorseddu'r sawl na
chyflawnai ei gyfrifoldebau.

Nid oes arlliw o'r traddodiad Calfinaidd hwn i'w ddarganfod ar
ddudalennau *Gair yn ei Amser*. Galwad sydd ynddo i anrhydeddu'r
brenin, ac ar ufudd-dod mae pwyslais Thomas Jones. Erbyn y
ddeunawfed ganrif yr oedd y Galfiniaeth radicalaidd eisoes wedi
cael ei chyfle mawr ym Mhrydain. Yn y ganrif flaenorol profasai
Siarl I ei grym nerthol. Ymatebodd Morgan Llwyd o Wynedd i
ddienyddiad y brenin drwy ddatgan athrawiaeth Knox a Goodman
mewn Saesneg cryno:

The law was ever above kings,
and Christ above the law
unhappy Charles provokt the lambe,
to dust hee must withdraw.[46]

Ar ôl siomedigaethau'r Werinlywodraeth, ac adferiad esgobyddiaeth a'r frenhiniaeth, cafodd William III, y Calfinydd o'r Iseldiroedd, fuddugoliaeth ym Mrwydr y Boyne yn 1690. Sicrhaodd hynny y byddai Calfiniaid fel y Methodistiaid yn geidwadol deyrngar pan ddaeth y bygythiad i'r sefydliad Protestannaidd o gyfeiriad y chwyldroadwyr Ffrengig. Ni allai Thomas Jones werthfawrogi hyd yn oed agwedd gwrth-Gatholig y Chwyldro, gan iddo ddisodli Pabyddiaeth gyda chwlt Rheswm.[47] Os oedd rhai o egwyddorion y Chwyldro wedi tarddu o syniadau awduron Calfinaidd radicalaidd, yr oedd yr egwyddorion hynny wedi esblygu y tu hwnt i ffiniau'r Gristionogaeth a fu o bosib yn feithrinfa iddynt. I Thomas Jones nid oedd ufuddhau i'r brenin yn broblem am y rheswm syml fod Sior III yn frenin duwiol, nid oedd tensiwn yn codi rhwng ufuddhau i'r brenin ac ufuddhau i Dduw. Efallai fod ei bwyslais ar ufudd-dod yn anghydnaws â Chafiniaeth radicalaidd y ddwy ganrif flaenorol, ond yn wyneb her y Chwyldro, mabwysiadodd y Methodistiaid Calfinaidd agweddau gwrth-Ymoleuad a gwrthseciwlar. Byddai rhai yn dweud fod hynny hefyd yn wrthfodern. Beth bynnag am hynny, byddai agweddau'r Methodistiaid Calfinaidd tuag at geidwadaeth wleidyddol ac ufudd-dod dinesig yn cael eu trawsnewid cyn diwedd y bedwaredd ganrif ar bymtheg gan arweinydd arall o Ddinbych, Thomas Gee. O dan ei arweiniad ef, byddent gyda'r mwyaf anufudd ac aflonydd o holl ddeiliad y deyrnas.

Nodiadau

1   Thomas Jones, *Gair yn ei Amser* (Caer, 1798); argraffwyd yn ddiweddar yn Frank Price Jones, *Radicaliaeth a'r Werin Gymreig yn y Bedwaredd Ganrif ar Bymtheg* (Caerdydd, 1977), tt. 32-40, ac at yr argraffiad hwn y cyfeiria rhif y tudalennau yn y cyfeiriadau a ganlyn. Ceir cyflwyniad defnyddiol iawn gan Frank Price Jones yn y gyfrol honno ar tt. 17-31. Am gefndir mwy cyffredinol gweler, Frank Price Jones, *Thomas Jones o Ddinbych* 1756–1820 (Dinbych, 1956).

2   John Jones, Glan-y-Gors, *Seren Tan Gwmmwl* (Llundain, 1795) a *Toriad y Dydd* (Llundain, 1797); argraffwyd y ddau lyfr yn un gyfrol gan Wasg y Brython (Lerpwl, 1923), ac at yr argraffiad hwn y cyfeiria rhif y tudalennau yn y cyfeiriadau a ganlyn.

3   Friedericq yn cael ei ddyfynnu yn ysgrif Emile Doumergue, 'Calvin a Source of Democracy' yn Robert M. Kingdom & Robert D. Linder, *Calvin and Calvinism: Sources of Democracy?* (Lexington, 1970), t. 5.

4   Ibid.

5   Alister E. McGrath, *A Life of John Calvin* (Rhydychen, 1990), t. 188.

6   John Jones, op. cit., t. 39.

7   Kingdom & Linder, op. cit., t. 7.

8   Frank Price Jones, op. cit., td. 18.

9   R. T. Jenkins, *Hanes Cymru yn y Bedwaredd Ganrif ar Bymtheg,* Cyfrol 1 (Caerdydd, 1933), t. 32.

10   Thomas Jones, op. cit., t. 38.

11   Thomas Jones, ibid, t. 33

12   John Calfin, 'Bannau'r Grefydd Gristnogol', Cyfrol 4, Pennod 20, Adran 2. Ysgrifennodd Calfin fersiwn Lladin a Ffrangeg o'r gwaith hwn, sef *Institutio Christianae religionis* ac *Institution de la Religion Cretienne*. Cyhoeddwyd y gwaith am y tro cyntaf yn 1536, ond fe'i diwygiwyd gan Calfin sawl gwaith. Yr argraffiad olaf i ymddangos yn ystod ei oes ef oedd un 1559. Nid oes cyfieithiadau Cymraeg o'r gwaith cyfan ar gael, ond cyhoeddodd Thomas Jones rai rhannau ohono yn Gymraeg yn *Diwygwyr, Merthyron a Chyffeswyr Eglwys Loegr* (Dinbych, 1813). Gellir cael cyfieithiad Saesneg o'r gwaith cyflawn mewn un gyfrol swmpus, *Institutes of the Christian Religion*, cyfieithiad Henry Beveridge (Grand Rapids, 1989). Cyhoeddwyd cyfieithiad Saesneg o bennod 20 o gyfrol 4 yn *Luther and Calvin on Secular Authority*, cyfieithiad Harro Hopfl (Caergrawnt, 1991). Am y cefndir cyffrediol gweler, S. O. Tudor, *Beth yw Calfiniaeth?* (Caernarfon, 1957) neu W. Gareth Evans, *Zwingli a Calfin a'r Diwygiad Protestannaidd yn y Swistir* (Aberystwyth, 1994).

13   John Calfin, ibid.

14   Edward Jones, *Caniadau Maes y Plwm* (Treffynnon, 1857), t. 265.

15   Edward Jones, ibid, t. 270.

16   Edward Jones, ibid, t. 266.

[17] E. P. Jones, Methodistiaeth Galfinaidd Dinbych 1735-1909 (Dinbych, 1936),tt. 41-51.

[18] Thomas Jones, op. cit., tt. 38-9.

[19] David Williams, *A History of Modern Wales* (Llundain, 1950), tt. 152-3.

[20] Thomas Jones, op. cit., t. 34.

[21] John Calfin, op. cit., Cyfrol 4, Pennod 20, Adran 12.

[22] Thomas Jones, op. cit., t. 34.

[23] John Calfin, op. cit., Cyfrol 4, Pennod 20, Adran 12.

[24] Thomas Jones, op. cit., t. 34.

[25] Thomas Jones, ibid, t. 37.

[26] Thomas Jones, ibid.

[27] Thomas Jones, op. cit., tt. 36-7.

[28] John Calfin, Esboniad Exodus 11:12, . Codwyd y dyfyniadau o'r esboniadau, pregethau a'r *Contre* yn y cyfeiriadau hyn, rhifau 27 hyd 32, o William J. Bouwsma, *John Calvin: A Sixteenth Century Portrait* (Rhydychen, 1988), t. 197.

[29] John Calfin, *Esboniad* Mathew. 19:20-2.

[30] John Calfin, *Esboniad* Jeremeia. 22:16.

[31] John Calfin, *Pregeth* rhif 2 ar Job 36.

[32] John Calfin, Contre la secte des Libertines.

[33] John Calfin, *Esboniad* Actau 2:44.

[34] Thomas Jones, op. cit., t. 38.

[35] Thomas Jones, ibid, t. 39.

[36] Harro Höpfl, *The Christian Polity of John Calvin* (Caergrawnt, 1982), t. 165, cyfeiriadau rhifau 67, 72, 76, 74, 77.

[37] John Calfin, op. cit., Cyfrol 4, Pennod 20, Adran 8.

[38] Harro Höpfl, op. cit., tt. 122-7.

[39] John Calfin, op. cit., Cyfrol 4, Pennod 20, Adran 8.

[40] Thomas Jones, op. cit., t. 38

[41] John Calfin, op. cit., Cyfrol 4, Pennod 20, Adran 8.

[42] John Calfin, ibid, Adran 31.

[43] John Calfin, ibid.

[44] Am ymdriniaeth ddiweddar o yrfa John Knox, a dyfyniadau o'i weithiau, gweler Stewart Lamont, *The Swordbearer: John Knox and the European Reformation* (Llundain, 1991).

[45] Herbert Darling Foster, 'Calvin and his Followers Championed Representative Government' yn Kingdom & Linder, op. cit., t. 39.

[46] Thomas E. Ellis (gol.), *Gweithiau Morgan Llwyd o Wynedd*, Cyfrol I (Bangor, 1899), t. 55

[47] Thomas Jones, op. cit., t. 35.

Dau Fardd – Dau Ddrych:
Jac Glan-y-Gors a Twm o'r Nant

Thomas Edwards – Twm o'r Nant.
(Trwy ganiatâd Llyfrgell Genedlaethol Cymru)

AR YR OLWG GYNTAF, yr hyn sy'n taro rhywun am Twm o'r Nant a Jac Glan-y-Gors yw'r tebygrwydd rhyngddynt. Brodorion o'r hen Sir Ddinbych oedd y ddau, ac yr oeddynt yn cydoesi. Twm oedd yr hynaf o'r ddau. Fe'i ganed yn 1739 a bu farw yn 1810. Ganed Jac yn 1766 a bu farw yn 1821. Yr oeddynt yn adnabod ei gilydd a buont yn troi yn yr un cylchoedd diwylliannol ac eisteddfodol. Trefnwyd dau berfformiad yn Llundain o anterliwt enwocaf Twm o'r Nant, *Tri Chryfion Byd*, gan Jac Glan-y-Gors, a bu'n actio ynddynt.[1]

Nodweddir llawer o waith y ddau gan hiwmor gwladaidd, a

hynny'n hiwmor sy'n fasweddus weithiau. Chwaeth y ddeunawfed ganrif a'r oes cyn-Fictoraidd ydyw. Aeth enw Twm o'r Nant a'r anterliwt yn anwahanadwy, ac mae hynny'n lliwio'r darlun sydd gennym ohono fel person ac fel awdur. Fe wyddom mai llanciau cefn gwlad oedd yn perfformio anterliwtiau, a hynny'n amlach na pheidio ar ben trol yng nghefn tafarn. Rhowch lafnau ifanc, tafarndai, cwrw ac actio gyda'i gilydd ac fe gewch gyfuniad nad ydych yn synnu ei fod yn dwyn gwg Methodistaidd arno. Hyd yn oed os na welsom anterliwt, fe dybiwn y byddai rhywfaint o actio'r ffŵl, bechgyn yn gwisgo dillad merched ac iaith nas ceid mewn seiat yn rhan o'r sioe. Canlyniad y canfyddiad hwn yw ystyried Twm o'r Nant fel hen foi joli a'i waith fel rhywbeth eithaf ysgafn.

Yn wir, mae digon o ysgafnder yn ei anterliwtiau, a hawdd dychmygu ei gynulleidfa yn rowlio chwerthin ar dameidiau fel hyn:

O, mae genny'n dorrog dair o wartheg
O ystalwyn mawr Bachegreg:
Ac mae tarw'r Llannerch yn ddiymdroi
Wedi'n gyson gyfloi dwy gaseg.[2]

Cybydd-dod yn yr anterliwt *Cybydd-dod ac Oferedd* sy'n llefaru'r rhigymau hyn yn ei ddiod. I wylwyr yn Nyffryn Clwyd byddai'r cyfeiriadau lleol yn ychwanegu at ddigrifwch yr amhosibiliadau biolegol. Yn yr anterliwt *Tri Chryfion Byd*, mewn iaith reit amrwd, mae Lowri Lew yn gosod ei mab, Rhinallt Ariannog, yn ei le drwy ddangos pa mor ddistadl oedd ei gychwyniad mewn bywyd:

Ac felly y megais i di, fy machgen,
Ar unwaith â'r lloie'n ddigon llawen;
A'th rwymo ar fy nghefn y byddwn i nyddu,
Oni fyddit yn fy mhiso i'n wlyb diferu.[3]

Gallwn ddychmygu ei gyfeillion Llundeinig yn cael tipyn o hwyl dros stori a adroddodd mewn llythyr at William Owen Pughe yn 1806. Stori ydi hon eto sy'n darostwng cymeriad balch:

[Rhyw] wreigan... aeth i oedfa rhyw grefyddwr, Ac roedd y llefarwr yn gwneud lleisiau lled greulon, ac wrth ei wrando y wraig aeth i wneud wyneb galarus iawn, tebyg i un a fyddai tan argyhoeddiad trwm: Ond ryw bryd ar ol yr odfa, wele'r llefarwr yn taro ar yr hen fenyw, gan ddweud, oni ddeliais i sulw arnoch chwi yn gwrando; fel un ac oedd y gair yn cael effaith arni... Oh ebr yr hen fenyw, mae hyny Syr, yn ddigon gwir, roedd eich adlais chwi, yn peri cynnwrf mawr yn fy nghalon i, gyda phob gair, o herwydd syr, mi a ddyweda i chwi mhrofiad am fy nghyflwr. Da iawn ebr yntef, Fel hyn roedd hi gyda mi ebr y wraig, roedd gennyf, (yn gwneud i mi gynorthwy at fyw) i gario pottiau a charpiau &c a minnau fy hun, ambell waith, Y Mul goreu a allai fod, gan neb yn y byd; pan drown ef i'r ffordd i hel ei damaid, a mynd iw ymofyn ryw bryd i siwrneu, pan welei fi gyntaf, fe nadei'n groch iawn, Ac wrth i mi gofffhau fy Mul, yn fy nghalon, Ach clywed chwithau, yn codi'ch llef, mi adgoffais fy Mul anwyl, ac ni fedrwn lai na chofio'n Alarus, am y cyffelyb lais, derchafedig, oedd gynnoch ac yntef.[4]

Eithr, mae'n amlwg fod ochr arall, llai doniol, i gymeriad Twm o'r Nant hefyd. Yn gorfforol yr oedd yn anghyffredin o gryf, ac yn nyddiau ei ieuenctid byddai'n defnyddio'r nerth hwnnw i ymladd o bryd i'w gilydd. Mae'n cyfaddef yn ei *Hunangofiant* ei fod yn cadw cwmni 'cyfeillion drwg fel fi fy hun'. Edrydd fel y bu iddo unwaith ymron â lladd rhyw lanc ifanc, a gorfod dianc nes bod yn siŵr nad oedd ei wrthwynebydd yn mynd i farw.[5]

Cyn diwedd ei oes, fodd bynnag, mae'n amlwg fod Twm o'r Nant wedi ymbarchuso'n arw. Lle byddai'r anterliwtiwr ifanc yn gwatwar crefyddwyr poeth ysgubor a pherth, mae'r hynafgwr yn ysgrifennu'n dyner ac edmygol am y Methodistiaid. Mae am gyffesu pechodau ei ieuenctid a throi'n warchodwr moesau. Yn

Tri Chryfion Byd mae Rhinallt Ariannog, y Cybydd, yn gofyn i Syr Tom Tell Truth:

> Pa beth oeddit ti'n ganu ddigonol?

Etyb Syr Tom:

> Cân yn erbyn godineb dynol;
> Gwaith Twm o'r Nant, *if you know the name*,
> Un a wyddai am y *game* yn weddol.

Meddai Rhinallt:

> Oni chlywes yr hanes y bydde'r gŵr hwnnw
> Yn hoffi yn fynych fwynwych fenyw?
> Os aeth e' i bregethu'n erbyn gwynt
> Naturiaeth, mae'n helynt arw.

Ac meddai Syr Tom:

> Onid ydyw'r gair mewn llyfre,
> Mai hen leidr ceirw yw'r *park-keeper* gore?
> A hen bechaduried sy fwya' doeth
> Am wneud yn goeth bregethe.[6]

Prin iawn yw'n gwybodaeth am ieuenctid Jac Glan-y-Gors yn Uwchaled. Mae'n amlwg o dystiolaeth ei ganu cynnar ei fod yn llanc ifanc llawn direidi na chollai unrhyw gyfle a gynigiai bywyd cefn gwlad am sbri. Cawn flas o'r rhialtwch gwladaidd hyn y gerdd 'Priodas Siencyn Morgan':

> 'Roedd yno anferth drwst,
> Wrth yfed a mygu tybaco,
> A rhai yn fawr eu ffrwst
> Yn codi i fyny i ddawnsio;

Pe gwelsech chwi Siani a Thwm
Yn dechrau ysgwyd eu berrau,
A modryb Elin o'r Cwm
Yn dawnsio yn nhraed ei 'sanau.

Hi aeth yn ffwndwr ffair,
Rhwng yfed cwrw a smocio,
Rhai yn caru'n y gwair,
A'u peisiau'n cael eu rhwygo;
Oddeutu hanner nos
'Roedd rhai'n mynd adre'n feddwon,
Fe syrthiodd dau yn y ffos,
Y clochydd ar gefn y person.

'Roedd rhai lodesi glân
Yn cochi'n fawr gan g'wilydd,
Wrth weld rhoi Siencyn a Siân
I orwedd ym mreichiau ei gilydd;
Ac wrth gusanu ei boch,
Aeth Siencyn i gynhyrfu,
A chwarter cyn pedwar o'r gloch
Fe dorrodd gwaelod y gwely.[7]

Mae i'r gerdd ddeg o benillion, ac ynddynt mae Glan-y-Gors yn enwi nifer o'r gwahoddedigion gan gynnwys ef ei hun. Mae'n hapus iawn i uniaethu ei hun â'r holl firi. A thrwy gydol ei yrfa fel bardd mae caru a rhyw, boed hynny rhwng pâr priod neu beidio, yn fater o foddhad a hwyl. Mewn sawl enghraifft mae'n llwyddo i led-guddio ei stori fasweddus drwy ganu'n drosiadol a defnyddio geiriau mwys – elfen sy'n ychwanegu'n sylweddol at ddigrifwch y cerddi. Felly, mae gan 'ordd' y fuddai gnoc a'r weithred o 'gorddi' ystyron amgenach na'r rhai llythrennol yng 'Ngherdd Miss Morgans Fawr o Blas-y-coed', a'r un modd 'botel' Twm yng 'Ngherdd Twm y Bugail o wlad y Bala'. Mewn sylw ar 'Gerdd Twm y Bugail', sy'n gerdd eithaf graffig o'i deall yn iawn, dywed E. G. Millward, 'Nid oes yma ddim condemniad moesol neu gymdeithasol. Ni sonnir am unrhyw ganlyniad anffodus neu drasig i ddefnyddio costrel Twm ac ni chynigir gwers foesol, gonfensiynol. Y cyfan a wneir yw pwysleisio llawenydd serch...'[8]

Yn Llundain y cyfansoddwyd y ddwy gerdd uchod, felly ni pharchusodd Jac Glan-y-Gors, fel Twm o'r Nant, wrth fynd yn hŷn. Yn wir, mae Glan-y-Gors yn tynnu coes Twm, gan ofidio na ddaethai i fwynhau hwyl y beirdd yn Eisteddfod Caerwys 1798:

Y Nant ddarfu gilio, ni ddaeth e ddim yno
Rhag ofn iddo daro wrth bechaduried.
Mae beirdd ymron wylo wrth weled eu hathro
Yn cymryd ei dwyso gan y Methodistied.[9]

Mae'n ddiddorol fod Twm o'r Nant a Glan-y-Gors yn difrïo personiaid plwy am yr un diffygion – diffyg dysg, diffyg sobrwydd, diffyg difrifoldeb, ond lle'r oedd Twm yn condemnio eu hanfoesoldeb a'u bydolrwydd, eu cymryd yn ysgafn a'u cael yn destun sbort wnaeth Glan-y-Gors. Peri iddo glosio at y Methodistiaid wnaeth anfodlonrwydd Twm o'r Nant ar weinidogaeth y llan, ond ni welai Glan-y-Gors fod yna ronyn mwy o ddysg gan lawer o'r pregethwyr Methodistaidd, ac amheuai fod rhagrith yn rhemp yn eu mysg. Cafodd ef a'i gyfeillion yng nghymdeithas y Cymreigyddion fodd i fyw wrth i helyntion carwriaethol Edward Jones, bugail y ddiadell Fethodistaidd yn Wilderness Row, Llundain, (a esgorodd yn ddiweddarach ar gynulleidfa a chapel enwog Jewin) ddod yn hysbys. Cyn filwr o ardal Llansannan oedd Edward Jones, ac ar ôl ymadael â'r fyddin bu'n dafarnwr ac yna bu ganddo siop wirodydd. Cafodd y llysenw 'Ginshop Jones' neu 'Gini' gan Glan-y-Gors a'i gyfeillion. Tua 1799, ac yntau'n ŵr gweddw tair a thrigain oed, amododd briodi merch ifanc wyth ar hugain oed o'r enw Miss Gwen Prydderch. Ond ar ymweliad â Chymru yn 1800 fe briododd wraig weddw gefnog yn Eglwys Llanbeblig a thorri ei amod gyda Miss Prydderch!

Aeth hi ag ef i gyfraith am dorri'r amod a chafodd ddirwy o £50 gan Yr Arglwydd Brif Ustus, yr Arglwydd Kenyon. Yn ystod y gwrandawiad darllenwyd y llythyrau serch a anfonasai Jones at Miss Prydderch, er mawr ddifyrrwch i watwarwyr y Methodistiaid. Cyn pen deufis cyhoeddodd y Cymreigyddion fil o gopïau o lyfryn 24 tudalen yn cynnwys y llythyrau ynghyd â hanes yr achos yn Gymraeg, a baled arbennig o waith Glan-y-Gors, 'Cerdd Gwenno Bach', i'w chanu ar y dôn 'Mentra Gwen'. Mae dau ar bymtheg o benillion i'r faled – dyma ddau ohonynt i roi blas o'r canu! Meddai am Edward Jones:

> E dd'wede ar ôl pregethu
> Mae arna'i flys dy garu,
> Ac er fy mod i'n sawdwr,
> Neu filain hen ryfelwr,
> Gwrol wyf o garwr,
> Mae yndda i eto *bowdwr*!

> 'Roedd yr hen fechgyn duwiol,
> Yn dilyn chwantau cnawdol,
> 'Roedd Dafydd yn un hynod,
> A Solomon rwi'n gwybod,
> A Lot pan gadd e ddiod,
> Hwy fedrent drin genethod[10]

Nid oedd Twn o'r Nant am ymuno yn y gwawdio! Mae'n awgrymu fod bwrw sen ar y Methodistiaid cystal pob blewyn ag ochri gyda'r personiaid plwy, llyfwyr y crach – yr union ddosbarth yr honnai Glan-y-Gors ei fod yn wrthwynebus iddo. Meddai Twm am helyntion Edward Jones:

> A mawl orfoledd felys yn gofus iawn a gaed,
> Am un o'r Methodistiaid ae'n dostur peth dan draed;
> Wrth garu merch o Lundain, ac ynddi lawnder chwant,
> Merch arall a gymerodd, a bwriodd honno i bant.

A hynny fu'r achlysur, er cysur i rai cas:
Trwy gyfraith a thrwy ganu a brefu celwydd bras,
Personiaid parhaus wenwyn, eu sŵn wrth lyfu'r crach,
A'u salmau cân, trwy burder, oedd byrdwn Gwenno Bach.[11]

Ar waethaf ei gyfraniad sylweddol o ran amser, egni ac arian i'r achos Methodistaidd yn Llundain, nid yw'n syndod fod campau carwriaethol Edward Jones wedi dwyn arno ddisgyblaeth lem y Sasiwn. Cyhuddid ef hefyd o fod yn ormesol wrth ddisgyblu eraill. Dyma sut y daeth materion i'w terfyn yn ôl Gomer M. Roberts yn *Y Ddinas Gadarn*:

Y ddeuddyn a ddaeth i Lundain o'r diwedd ar ran y Sasiwn oedd John Roberts, Llangwm, a John Elias. Trafodwyd yr helynt mewn amryw gyfarfodydd go gynhyrfus. Ataliwyd Edward Jones rhag parhau i bregethu, eithr honnai'r troseddwr nad oedd gan yr ymwelwyr awdurdod i drafod yr achos, a pharhaodd i bregethu yn y capel. Honnai nad hwy a'i galwodd i'r gwaith ac nad oedd ganddynt rithyn o hawl i'w atal. Heblaw hynny, 'roedd prydles y capel yn ei feddiant, oblegid yn ei enw ef y gwnaed hi. Yn hytrach nag ymostwng i'w ddisgyblaeth, bygythiai *eu troi hwy* allan o'r capel. Yn wyneb hyn nid oedd dim i'w wneud ond cefnu arno a'i adael gyda'i ychydig gefnogwyr ym meddiant y capel. Cymerwyd ystafell yn Bunhill Row ac aeth y gynulleidfa a'r gwrandawyr i'r lle hwnnw, gan adael Edward Jones â rhyw ddwsin o'i gefnogwyr yn Wilderness Row.[12]

Ysgogwyd Glan-y-Gors gan yr ymgais i ddisgyblu Jones i gyfansoddi baled arall, ond y tro hwn yn ochri gyda'r pregethwr wrth iddo sefyll yn erbyn grym a thraha'r Sasiwn! Teitl y faled yw 'Cerdd Newydd', a cheir y nodyn eglurhaol hwn, 'Hanes esgymundod Mr. Edwd. Jones, Pregethwr Methodus yn Llundain, yr hwn y mae ei ddisgyblion wedi ei adael, am na roddasai ei gapel yn Llundain dan lywodraeth babyddol y Bala'. Mae'r ail bennill yn dechrau gyda'r cwpled:

Rhowch bawb olwg fal mae'r Bala,
Ryw fodd yn benna'n Rhufain bach[13]

Yr oedd Twm o'r Nant, wrth gwrs, yn ddigon hen i gofio dyddiau'r erledigaeth gas a fu ar yr arloeswyr Methodistaidd. Ni fu unman yng Nghymru yn waeth na Dinbych am gam-drin y cynghorwyr a'r pregethwyr crwydrol a'r brodorion a ddewisodd fynd i wrando arnynt. Bu digwyddiadau arbennig o gywilyddus yn Ninbych yng ngwanwyn 1752 pan ymosodwyd yn ffiaidd ar ferch o'r enw Barbara Parry o blwyf Llanefydd gan ei llusgo drwy ddŵr Pwll y Garawys ger Stryd Henllan, a'i throi a'i phen i waered. Digwyddiadau fel hyn yw sail hanesyddol y llinellau a ganlyn o anterliwt *Bannau y Byd*:

A thrachefn yn eu cyffro os adwaenent rai'n gwrando,
Hwy aent ar eu holau hyd y ffyrdd a'r caeau;
Ac a wnaent bob ffieidd-dra gresynol i'w goffa.
Unwaith mae hanes y daliasant ddynes,
A hynny'n flin wrthrych ger llaw i dref Ddinbych
Pan ddeuent o hyd iddi hwy ymaflent ynddi
Gan ei chodi ar ei phen, i gael bod yn llawen.[14]

Nid rhagrithwyr oedd yr unigolion diffuant a diniwed a ddioddefasai'r fath erledigaeth ac anfri, ac yn y pen draw, eu cael yn haeddiannol o barch, nid gwawd, a wnâi Twm o'r Nant.

Yr oedd digon o grwpiau ac unigolion eraill i'w gwawdio beth bynnag! Categori o bobl a gynddeiriogai Twm oedd y Cymry hynny, unwaith y bu iddynt gamu dros Glawdd Offa, a wadent eu mamiaith. Meddai Syr Tom Tell Truth yn *Tri Chryfion Byd*:

Y mae'n gywilyddus clywed carpie
Yn lladd ac yn mwmian ar iaith eu mame,
Heb fedru na Chymraeg na Saesneg chwaith –
Onid ydyw waith annethe?

Ac os bydd rhyw hogenig wedi bod yn gweini
Yng Ngaer neu'r Amwythig, dyna'r cwbl yn methu!
'Cheir gair o Gymraeg – ac os dywed hi beth,
O'r ledieth fydd ar *my lady*!

Chwedl fawr yw fod fis yn Lloeger,
Fe ddysg merch ifanc lawer o fedruster,
Siarad *modest* a phletio'i min
'Run fath a thwll tin y tanner.[15]

Adlais yw hyn, wrth gwrs, o gŵyn Gruffydd Robert, Milan, yn ei *Ramadeg Cymraeg* (1567), lle mae'n dweud:

Canys chwi a gewch rai yn gyttrym ag y gwelant afon Hafren, ne glochdai ymwithig, a chlywed sais yn doedyd unwaith good morrow, a ddechreuant ollwng i cymraeg dros gof, ai doedyd yn fawr i llediaith: i cymraeg a fydd saesnigaidd, ai saesneg (duw a wyr) yn rhy gymreigaidd.[16]

Creodd Glan-y-Gors gymeriad a ddaeth yn symbol fyth ers hynny o'r math hwn o Gymro Seisnigaidd, sef Dic Siôn Dafydd. Mewn baledi am Dic, ei gefnder Parri Bach, a Bessi o Lansantffraid mae'n creu *caricature* doniol ond deifiol o'r Cymry hynny sydd â chywilydd o'u Cymreictod. Yn y faled 'Y Ffordd i Fyned yn Ŵr Bonheddig yn Llundain' mae'n ein cymryd cam wrth gam drwy'r broses o ymseisnigo. Mae'n cynnwys y pennill hwn:

Os holir ambell dro
O ba wlad y daethoch allan,
O, byddwch ddrwg eich co',
'Mi ddeuthum yma'n fychan';
'*My father's humble cot* [h.y.'cottage']
Is in the country altogether,
His language I forgot
Before i learned another'.[17]

Ond beth am y Cymry Seisnigaidd a drigai yng Nghymru? Beth am 'fyddigion' y plastai oedd yn prysur gefnu ar y Gymraeg? Yn un o'i gywyddau gofidia Edward Jones, Bodffari, nad oedd croeso mwyach i feirdd yn y plastai megis cynt. Cael siars i'w heglu hi a geid bellach: 'Go out, away: get ye off!' Serch hynny, dal i ganu mawl i'r dosbarth breiniol a wnaeth Twm o'r Nant. Ceir llawer o'r cerddi mawl hyn yn yr unig gyfrol o farddoniaeth a gyhoeddodd Twm yn ystod ei oes, sef *Gardd o Gerddi* a argraffwyd yn 1790 gan wasg Trefeca. (Gwasg a sefydlwyd gyda'r iawndal a gafodd Barbara Parry yn dilyn yr ymosodiadau ffiaidd arni yn Ninbych yn 1752.) Ni ellir cyffredinoli parthed agwedd gwrthrychau unigol y cerddi hyn tuag at y diwylliant Cymraeg. Maent yn siŵr o fod yn cynrychioli gwahanol raddau o ddiddordeb ac o ddifaterwch. Dyma deitlau rhai o'r cerddi: 'Cywydd Molawd Syr Watkin Williams Wynne', 'Cân ar ddyfodiad R. Williams Fychan (Vaughan) o Nannau i'w oedran', 'Englynion a wnaed i'r canmoladwy John Middleton o Waunynog', 'Croesawiad Richard Myddleton, Yswain o Gastell y Waen i Dref Dinbych', 'Pennill i roesawi Richard Myddleton ieuangaf i Dref Dinbych'. Ceir marwnadau yn ogystal: 'Marwnad Captain Roger Mostyn o Segrwyd', a 'Marwnad John Williams o Blas y Ward'.

Ni chyfyngodd Twm o'r Nant ei fawl i uchelwyr oedd o dras Cymreig. Mae ganddo 'Cân o roesaw i'r Anrhydeddus Thos. Fitz-Morris o Lyweny', a maes o law ceir 'Pennill o *Health* i'r Lady Mary Fitz-Morris ar ddydd ei genedigaeth'. Dyma flas o'r canu:

Pob dyn effro Sais a Chymro,
A garo lwyddo'r Wlad;
Mae yn Llyweni er mwyn holl Wynedd,
Anrhydedd a mawrhad;
Dyma'r lle diameu'r llwydd
I Gymro a Sais ac amryw swydd,
Gael hylwydd lawn gynhaliaeth,
Lluniaeth a gwellhad.[18]

Camgymeriad mawr, fodd bynnag, fyddai tybio mai cymhellion gwasaidd sydd i ganu mawl Twm o'r Nant. Cyfyd ei ganu o'r argyhoeddiad dwfn oedd ganddo am natur cymdeithas. Iddo ef, corff yw cymdeithas, a'i holl unigolion fel aelodau yn derbyn bywyd drwy a chan y corff. Meddai Syr Rhys y Geiriau Duon yn yr anterliwt *Pedair Colofn Gwladwriaeth*:

Mae'r deyrnas mewn urddas a nerth,
Gwedi'i rhoi fel un corff lanw certh…
… Ni alliff, deëllwch, un dyn
Fyw'n gryno yma arno'i hun;[19]

Ni all unrhyw un o'r organau weithio, na bodoli hyd yn oed, heb fod yn rhan o gorff. Ac er mwyn iechyd y corff cyfan mae'n rhaid i'r holl organau unigol weithredu yn ôl eu swyddogaeth arbennig. A dyfynnu Syr Rhys y Geiriau Duon eto:

Mae pob galwedigaeth ar dwyn
Wedi'i threfnu a'i sefydlu'n bur fwyn…
… Pob swydd, pob sail, pob dail, pob dyn
Sy'n dda'n ei hardd sefyllfa'i hun.[20]

Mae Twm o'r Nant yn derbyn y bydd 'sefyllfa' rhai yn golygu eu bod yn dda eu byd a 'sefyllfa' eraill eu bod yn dlawd. Yn wir, mae Tlodi yn *Cyfoeth a Thlodi* yn derbyn fod anghyfartaledd economaidd yn rhan o ewyllys Duw:

Ni chana i rwan ddim yn rhagor,
Gweddïed pawb ar Dduw am gyngor
I ddallt y deunydd, ar ddull diannoeth,
Y trefnodd ef Dylodi a Chyfoeth.

Mae Cyfoeth a Thylodi yn dywad,
Weithie o gerydd, weithie o gariad;
Gostwng y balch a chodi'r isel,
Amcanion Duw sy ddoeth a diogel.[21]

Fe'n hatgoffir o'r pennill hwnnw yn emyn enwog Cecil Frances Alexander, 'All things bright and beautiful' (a gyfansoddwyd yn Sir Fynwy yn ôl rhai):

> The rich man in his castle,
> The poor man at his gate,
> God made them, high or lowly,
> And ordered their estate.

Yr un modd gyda pherthynas y ddau ryw â'i gilydd. Ni fwriadwyd y ddau i fod yn gyfartal. Yn *Gardd o Gerddi* dywed Twm mewn 'Cerdd o Gyngor i Gwyr Ieuainc':

> Di-nerth donnen, ydyw Meinwen,
> Nid yw hi ond Asen dyn…
> … Rhoed Mab i Arglwyddiaethu
> Uwch modd a gallu Merch.[22]

Yn yr anterliwt *Pedair Colofn Gwladwriaeth* mae Syr Rhys y Geiriau Duon yn mynd cyn belled â sylfaenu'r drefn gymdeithasol ar natur y cread ac fel mynegiant o ewyllys Duw. Meddai am Dduw:

> Fe wnaeth y doeth Greawdydd
> Y byd o bedwar defnydd,
> A'i hylywydd law ei hun,
> A thrwy Ei ragluniaethau,
> Mewn rheol ddynol ddoniau,
> Y byd ordeiniai ar bedwar dyn.[23]

Sylwn ar y pedwar dyn a'r pedwar defnydd. Y pedwar dyn, sef pedair colofn gwladwriaeth, yw Brenin, Ustus, Esgob a Hwsmon. Dyma, medd Syr Rhys, yw eu swyddogaethau:

Y Brenin i wneud llywodraeth,
A'r Ustus i reoli cyfraith,
A'r Esgob i bregethu'r gwir
Wrth reol clir athrawiaeth

Ac yntau'r Hwsmon manwl
Sy'n talu dros y cwbl
Trwy'i waith a'i lafur, drafferthus lun,
Wrth drin ei dyddyn diddwl.[24]

Mae'r pedwar hyn yn cyfateb i sylweddau'r cread.

Mae'r rhain yn wrthrych eglur
O bedwar defnydd natur,
Dwfr, Daear, Tân ac Awyr, gywir swydd![25]

Yn ôl Syr Rhys, mae'r Brenin yn cyfateb i'r Awyr, yr Ustus (neu'r gyfraith) yn cyfateb i'r Tân, yr Esgob (neu athrawiaeth yr Eglwys) yn cyfateb i'r Dŵr a'r Hwsmon, a phob dyn yn wir yn ei gorff, yn cyfateb i'r Ddaear.

Roedd delwedd Y Pedwar Defnydd yn gyfarwydd i Feirdd yr Uchelwyr, a chanddynt hwy, mae'n siŵr, yr etifeddodd Twm o'r Nant hi. Ond, mae'n mynd yn ôl ymhell i gyfnod cynnar athroniaeth Groeg. Ceir mynegiant ohoni gan Empedocles yn y bumed ganrif cyn Crist pan ddywed fod popeth yn deillio o Zeus, Hera, Aidoneus a Nestis, sef tân, awyr, daear a dŵr.[26] Cana Syr Rhys am y Brenin fel Awyr:

A'r Brenin llaw alluog,
Sydd deip o'r Awyr wyntog, mewn arfog lidiog lef,
Mae'n chwythu tymhestlau heibio,
Mae'n gostwng dynion dano,
A Duw a'i nertho dan y nef![27]

Mae Twm o'r Nant yn defnyddio delweddau organig a chosmig

i fynegi ei olwg ar berthynas dyn a'i gyd-ddyn, neu, yr unigolyn a chymdeithas. Gwraidd holl annifyrrwch dyn yw ei amharodrwydd i weithredu yn ôl y drefn a osodwyd i'r cread o'r dechrau.

> Doethineb Duw mae'n eglur,
> Sy'n dysgu pob creadur,
> Yn ôl natur yma i wneud;
> Pob peth sydd fel o'r dechrau,
> 'Nghylch cadw eu hen derfynau,
> Ond y dyn yn ddiau, gallwn ddweud.[28]

Yn 'Carol yn amser Rhyfel a Drudaniaeth' ceir yr awgrym mai'r camddefnydd o'r ewyllys rhydd y cafodd y ddynoliaeth ei ddonio ag ef sydd wedi drysu'r drefn:

> Mae'r ych, ac mae'r asyn direswm,
> 'N adnabod yn llwyrdrwm eu lle,
> A dynion ni adwaenant eu doniwr,
> Na'u swcwr yn awdwr y ne;
> Y beilchion gan uchder eu ffroenau,
> Ni cheisiant na'i ddeddfau na'i ddysg,
> Creulondeb heb undeb na bendith,
> A rhagrith, sain melltith, sy i'n mysg.[29]

Mynegwyd safbwynt tebyg gan Shakespeare yn *Troilus and Cressida*, pan ddywed Ulysses:

> ... O, when degree is shak'd
> Which is the ladder to all high designs,
> The enterprise is sick...
> Take but degree away, untune that string,
> And, hark, what discord follows...   (Act I, Gol. iii)

Nid yw Twm o'r Nant, felly, yn feirniad cymdeithasol yn yr ystyr ei fod yn feirniadol o'r *drefn*. Beirniadol o *unigolion* yw ef am beidio â chadw at y drefn. Nid yw ei feirniadaeth, felly, yn unrhyw fath o fygythiad i'r sefydliad fel y cyfryw. Ideoleg geidwadol sydd ganddo. Daw hyn yn amlwg yn y modd y mae'n amddiffyn y brenin a'r bonedd ac yn bwrw'r bai am orthrwm ar eu gweision:

> Wel, mae llawer pren teg briglydan
> Yn cysgodi bwystfilod aflan;
> Ac adar drwg yn nythu ynddo fry:
> Ni all e' ddim wrth hynny ei hunan.
>
> A chwi wyddoch na ŵyr bôn derwen
> Pa ffordd y gwinga un gangen;
> Ac felly ni all brenin, er trin pob treth,
> Wrth ei ddeiliaid wneud peth na ddylen'.[30]

Meddai Arthur yn *Pedair Colofn Gwladwriaeth*:

> Digiwch ŵr bonheddig, cewch bardwn ganddo;
> Ond os digiwch ystiward, chwi gewch eich andwyo;[31]

Ac meddai Syr Tom Tell Truth yn *Tri Chryfion Byd*:

> Ac mae llawer o stiwardied mor bell eu stordyn, (h.y., traha)
> Yn fil gwaeth na meistr yn ymledu ac ymestyn,
> Y nhw ydyw'r duwie raid addoli dan sêr
> Os mynner byw'n dyner danyn'.[32]

Mae enghreifftiau o ganu mawl a marwnad i'r mawrion i'w cael yng ngwaith Glan-y-Gors hefyd, ond nid yw'n ddiamod. Felly, fel Twm o'r Nant, mae ganddo gerdd i Syr Robert William Vaughan o Nannau – priodasgerdd yn yr achos hwn. Diben y gerdd yw ei ganmol am briodi Cymraes:

Nid rhyw Saesnes heddiw sydd
Yn codi'n ben er mwyn cael budd
Peniaeth Meirion, fun gain rydd,
Yn fwyn Gymraes.[33]

Dychan y bendefigaeth, heb iddynt sylwi, a wna yn ei gerdd 'Mawlgerdd y Duc o Norffolc'. Yn ei nodyn eglurhaol dan y gerdd hon dywed E. G. Millward:

Ysgrifennwyd y gerdd hon ar ôl i Charles Howard (1746–1812), yr unfed ar ddeg o Ddugiaid Norffolc, areithio i'r "Society of Ancient Britons" yn Llundain ar Ddydd Gŵyl Ddewi, 1796... Adwaenid ef fel gŵr a oedd yn arbennig o hoff o gyfeddach ac yr oedd ganddo hefyd ddiddordeb mawr yn hanes ei deulu. Fe'i gwelir yma, felly, wrth ei fodd yn cyfeddach gyda Chymry Llundain ac yn brolio ei fod yn un o ddisgynyddion Glyndŵr.[34]

Dyma bennill olaf y 'Mawlgerdd':

Rhyfela am gyfiawnder, a'i hyder ei hun,
O! Ryfedd, am ryddid gadernid y dyn;
Mae'n gwladwr o Norffolc, un enwog iawn ŵr,
O ran meddwl yn debyg i Owain Glyndŵr.[35]

Yn y gerdd 'Brwydr Tafalgar' nid colli Nelson yw'r uchafbwynt ond galar y gweddwon. Am Nelson, meddai:

Ow! Colli arglwydd mawr y môr,
Wnaeth Siôr yn syn.

Dyma'r pennill olaf:

Llawer gwreigan weddw sydd
Yn brudd gerbron,
Bydd galar hir ac wylo hallt,
Am gywely hon;

Peth mawr na fedrai dynion fyw
Yn ara' deg trwy eiriau Duw,
Nid ydyw rhyfel o bob rhyw
I'n clyw ond clwy';
Rhown ein gweddïau, gorau gwaith,
Er mwyn dedwyddwch cnawdol daith,
Am heddwch heb ymrafael maith
O ryfel mwy.[36]

Y ffaith syml yw, nid oedd gan Jac Glan-y-Gors ddim ond
dirmyg llwyr tuag at bendefigion a brenhinoedd. Mae'n gwrthod
yn llwyr athrawiaeth y pedwar math o ddyn a geid yn *Pedair Colofn
Gwladwriaeth*. Meddai yn *Toriad y Dydd* wrth drafod Wiliam
Goncwerwr:

> Gan mae William oedd cadben yr ysbeilwyr hynny, cymerasant
> feddiant yn y deyrnas yn ei enw ef, a galwasant bob peth ei eiddo
> ef; sef ei deyrnas ef, a'i fynyddoedd ef, a'i afonydd ef, a'i longau
> ef, a'i ffyrdd ef, a'i *bobl* ef, cyn gystal a rhyw anifeiliaid eraill, fal
> pe buasai awdwr y byd, wedi creu rhyw ran o ddynolryw i fod yn
> gaethweision i'r lleill; neu fod dwy radd o ddynion yn y byd, ac
> fod i'r naill ddyn fod yn berchenog ar y llall, yr un fodd ag y mae
> dyn yn berchenog ar anifail; ond nid felly y creuwyd dynolryw: nid
> yn frenin a deiliaid, nid yn orthrymwr a chaethwas, nid yn dylawd
> a chyfaethog, nid i un dyn alw myrddiwnau o'i gyd-greaduriaid,
> yn bobl, neu'n eiddo iddo ef. Nid ydyw y rhagoriaethau uchod,
> ond dyfeisiadau a damweiniau dynol; cymaint o ragoriaeth a welir
> yn y greadigaeth; ydyw, "yn wrryw, ac yn fenyw y creodd efe
> hwynt."[37]

Cynnyrch yr Ymoleuad oedd Glan-y-Gors, ac iddo ef y maen
prawf terfynol bob tro yw rheswm. Ar gychwyn *Toriad y Dydd*
mae'n dweud hyn:

Wedi i ddyn unwaith ddechrau myfyrio yn amyneddgar a
didueddol ar ddull ac arferion y byd, y peth cyntaf a ddyleu ef
wneud, yw dal sylw manwl ar bob hen arfer, a hen chwedleu, a'u
pwyso nhw y'nglorian ei reswm ei hun, ac edrych eu gwraidd a'u
dechreuad...[38]

Credai Glan-y-Gors mai ar sail cytundeb neu gyfamod y
sefydlwyd cymdeithas, sef safbwynt a fynegwyd yn y ganrif flaenorol
gan yr athronydd John Locke yn ei *Two Treatises of Government*
(1690). Yr oedd y cyntaf o'r ddau draethawd yn ymosodiad ar lyfr
gan Syr Robert Filmer, *Patriarcha* (1680), lle dadleuai nad oedd
pobl yn gydradd, ond fod Duw wedi eu gosod yn eu graddau,
gyda'r brenin ar y brig. Yn amlwg, mae'r safbwyntiau athronyddol
hyn yn cael mynegiant ffres yng ngwaith y ddau Gymro.

Er mwyn ein helpu i ymddihatru o afael hen arferion ar
ein hymresymu mae Glan-y-Gors yn ein gwahodd i wneud
arbrawf syniadol – 'gadewch i ni dybied i ryw nifer o bobl gael
eu taflu i ryw ynys anghyfannedd, lle nad oedd greaduriaid
dynol o'r blaen'.[39] Hynny yw, fe'n hanogir i greu model a
fyddai'n dangos sut y byddai creu cymdeithas a gwladwriaeth o'r
cychwyn. Gofyn y mae i ni ymresymu parthed blaenoriaethau
yr ynyswyr a sut, drwy ddefnyddio rheswm yn unig, y byddent
yn sefydlu trefn gymdeithasol ar eu bywydau. Nid yw ef yn
credu y byddai arfer eu rheswm yn peri iddynt daro ar y syniad o
frenhiniaeth a phendefigaeth etifeddol, ond yn hytrach dewisent
yr unigolion mwyaf cymwys o ran gallu a phrofiad i ymgymryd
â'r cyfrifoldebau oedd yn codi wrth osod trefn deg a rhesymol
ar y gymdeithas.

Gellir crisialu gweledigaeth wrthgyferbyniol y ddau fardd fel
hyn. Pan fydd Twm o'r Nant yn edrych ar gymdeithas gwêl organeb
fyw sydd wedi tyfu dros genedlaethau lawer. Os caiff ei meithrin
drwy hwsmonaeth ofalus a gonest, mae ynddi'r egni mewnol i
lewyrchu. Pan fydd Jac Glan-y-Gors yn edrych ar gymdeithas gwêl
ef beiriant sydd â dibenion bwriadol iddo. Os nad yw'n cyflawni

ei ddibenion rhaid ei drwsio, ac os aeth y tu hwnt i adfer, yna mae'n rhaid ei adeiladu o'r dechrau drachefn. Mae'r ddau fardd yn pledio achos gweiniaid cymdeithas, y tlawd, y gorthrymedig, y diamddiffyn, ond gwelant waredigaeth mewn cyfeiriadau cwbl groes i'w gilydd.

Testunau

Gardd o Gerddi, Twm o'r Nant (Trefeca, 1790).

Canu Twm o'r Nant, golygydd Dafydd Glyn Jones (Bangor: Dalen Newydd, 2010).

Anterliwtiau Twm o'r Nant, golygydd G. M. Ashton (Caerdydd: Gwasg Prifysgol Cymru, 1964).

Tri Chryfion Byd, Twm o'r Nant, golygydd Emyr Ll. Jones, Dock Leaves Press (Cyhoeddwyd ar ran Cymdeithas Ddrama Colegau Cymru gan Gwmni Anterliwt Llanelli, 1962).

Hunangofiant a Llythyrau Twm o'r Nant, golygydd G. M. Ashton (Caerdydd: Gwasg Prifysgol Cymru, 1948, adargraffiad 1962).

Cerddi Jac Glan-y-Gors, golygydd E. G. Millward (Cyhoeddiadau Barddas, 2003).

Seren Tan Gwmmwl a Toriad y Dydd, John Jones, Glan-y-Gors (Lerpwl: Hugh Evans a'i Feibion, 1797, adargraffiad 1923).

Nodiadau

1   *Cerddi Jac Glan-y-Gors*, t. 24.

2   *Anterliwtiau Twm o'r Nant*, t. 81.

3   *Tri Chryfion Byd*, t. 30.

4   *Hunangofiant a Llythyrau Twm o'r Nant*, t. 73

5   *Hunangofiant a Llythyrau Twm o'r Nant*, t. 33

6   *Tri Chryfion Byd*, t. 38.

7   *Cerddi Jac Glan-y-Gors*, tt. 64-6.

8   *Cerddi Jac Glan-y-Gors*, t. 78.

9   *Cerddi Jac Glan-y-Gors*, t. 97. Am drafodaeth ar agwedd gymhleth Twm o'r Nant at yr Eglwys Wladol gweler, E. G. Matthews, 'Y Brenin a'i Eglwys: Themâu yng ngherddi Twm o'r Nant' *Cylchgrawn Hanes Cymdeithas Hanes y Methodistiaid Calfinaidd*, 35 (2011), tt. 58-71.

10   *Cerddi Jac Glan-y-Gors*, t. 52.

11   *Canu Twm o'r Nant*, t. 212.

12   Gomer M. Roberts, *Y Ddinas Gadarn: Hanes Eglwys Jewin Llundain* (Llundain: Pwyllgor Dathlu Daucanmlwyddiant Eglwys Jewin, Llundain, 1974), tt. 33-4.

13   *Cerddi Jac Glan-y-Gors*, t. 57.

14   E. P. Jones, *Methodistiaeth Galfinaidd Dinbych 1735–1909* (Dinbych: Gwasg Gee, 1936), t. 41.

15   *Tri Chryfion Byd*, t. 8.

16   Garfield H. Hughes (gol.), *Rhagymadroddion 1547–1659* (Caerdydd: Gwasg Prifysgol Cymru, 1967), t. 47.

17   *Cerddi Jac Glan-y-Gors*, t. 47.

18   *Gardd o Gerddi*, t. 83.

19   *Anterliwtiau Twm o'r Nant*, tt. 43-4.

20   *Anterliwtiau Twm o'r Nant*, t. 43.

21   *Canu Twm o'r Nant*, tt. 223-4.

22   *Gardd o Gerddi*, t. 63.

23   *Anterliwtiau Twm o'r Nant*, t. 68.

24   *Anterliwtiau Twm o'r Nant*, t. 3.

25   *Anterliwtiau Twm o'r Nant*, t. 68.

26   G. S. Kirk & J. E. Raven, *The Presocratic Philosophers* (Caergrawnt: Cambridge University Press, 1957, adargraffiad 1963), dernyn 454, t. 343. Am drafodaeth ar waith Empedocles, gweler tt. 320-6.

27   *Anterliwtiau Twm o'r Nant*, t. 69.

28   *Anterliwtiau Twm o'r Nant*, t. 68.

29   *Canu Twm o'r Nant*, t. 243.

30   *Anterliwtiau Twm o'r Nant*, t. 14.

31   *Anterliwtiau Twm o'r Nant*, t. 16.

32   *Tri Chryfion Byd*, t. 22.

33   *Cerddi Jac Glan-y-Gors*, t. 104.

34   *Cerddi Jac Glan-y-Gors*, t. 134.

35   *Cerddi Jac Glan-y-Gors*, t. 134.

36   *Cerddi Jac Glan-y-Gors*, tt. 132-3

37   *Toriad y Dydd*, t. 18.

38   *Toriad y Dydd*, t. 6. Am drafodaeth yn deillio o'r dyfyniad hwn, gweler E. G. Matthews, *Rheswm a Hen Chwedlau: Anogaeth Jac Glan-y-Gors* (Aberystwyth: Cyhoeddiadau Plas Hendre, 2017). Ailgyhoeddwyd yn E. G. Matthews (gol.), *Llenydda, Gwleidydda a Pherfformio.* (Talybont: Y Lolfa, 2019).

39   *Toriad y Dydd*, tt. 9-10.

Thomas Gee a'r 'Estrones'

Thomas Gee yn 45 mlwydd oed. (Maull & Fox)

G ANWYD THOMAS GEE YN 1815 a diddorol nodi mai ymron i ganrif yn ddiweddarach, yn 1914, y pasiodd Senedd San Steffan ddeddf a sicrhaodd un o ddyheadau dyfnaf Thomas Gee, sef datgysylltiad Eglwys Loegr yng Nghymru, hynny yw, dileu ei statws fel Eglwys Wladol yng Nghymru. Credai Thomas Gee fod y statws hwnnw bellach yn anhaeddiannol, ac yn fwy na hynny, fod anghyfiawnderau yn deillio ohono.

Yn sicr, o safbwynt pobl nad oeddynt yn mynychu'r eglwys wladol, yr anghyfiawnder a deimlent yn fwyaf uniongyrchol oedd y ddyletswydd a ddisgynnai ar ddinasyddion o bob enwad i gyfrannu yn ariannol at gynnal yr Eglwys honno drwy'r dreth eglwys (i gynnal adeiladau eglwysi Anglicanaidd, ynghyd â gofynion megis urddwisgoedd, llyfrau gwasanaeth, elfennau'r Cymun a gofal mynwentydd) a'r degwm (i gynnal clerigwyr plwyf, clerigwyr cadeirlannau a sefydliadau esgobaethol ac addysgol yn bennaf).

Os na thelid y dreth eglwys neu'r degwm, rhoddai'r gyfraith hawl i atafaelu eiddo'r sawl nas talodd a'i werthu er mwyn sicrhau gwerth y ddyled. Yn 1886 dechreuodd y Dirprwywyr Eglwysig, a oedd yn gyfrifol am gasglu'r degwm, weithredu'r hawl a roddasai'r gyfraith iddynt gan ddechrau atafaelu anifeiliaid ar ffermydd Anghydffurfwyr a wrthodai dalu'r degwm. Ar unwaith, fe wrthdystiodd y ffermwyr Anghydffurfiol a cheisio atal atafaelu ac arwerthu eu heiddo yn uniongyrchol. Gelwid y gwrthdystio torfol hwn ar y pryd yn 'Ryfel y Degwm', a phrif ysgogydd y 'rhyfel' hwn oedd Thomas Gee. Yr arf grymusaf a feddai, wrth gwrs, oedd *Baner ac Amserau Cymru*. Nid cyhoeddi adroddiadau ffeithiol am y protestiadau yn unig a wnâi'r *Faner*, ond cynnig cefnogaeth frwd i'r ymgyrch, a hyd yn oed annog gweithredu uniongyrchol.

Fel rhan o'i ymgyrch yn erbyn y degwm, gwahoddodd Gee Ddeon Llanelwy y Tra Pharchedig John Owen, i ddadlau gydag ef ar dudalennau'r *Faner* ar y pwnc 'Moesoldeb Rhyfel y Degwm'. Gyda'i gilydd, y mae cyfraniadau'r ddau i'r ddadl yn cynnig mewnwelediad hynod werthfawr i achos a fu'n gyfrifol am ffurfiant cymdeithasol Cymru am yn agos i ganrif wedi hynny.

Cyn troi at y ddadl ei hun, byddai'n fuddiol ystyried pwy yn union y dewisodd Gee ddadlau ag ef. Cafodd y Deon Owen ei fagu'n Fethodist Calfinaidd. Brodor o Lŷn ydoedd, a'i dad yn flaenor yng nghapel M.C. y Bwlch, Llanengan. Roedd gan y deon felly brofiad 'mewnol' o Anghydffurfiaeth. Cafodd Gee, ar y llaw arall, ei fagu'n Eglwyswr a derbyniodd ei fedydd esgob (conffyrmasiwn) pan oedd tua phedair ar ddeg mlwydd oed. Ymddengys i Owen a Gee newid enwad yn eu harddegau cynnar. Yn achos Gee mae'n amlwg mai argyhoeddiad personol oedd achos y newid enwad, ond amgylchiadau bywyd a arweiniodd at benderfyniad Owen i ymuno â'r Eglwys.

Pan oedd ar fin ymadael ag Ysgol Botwnnog, cynigiodd y prifathro waith iddo fel athro cynorthwyol. Serch fod yr ysgol yn sefydliad eithaf eglwysig y pryd hwnnw, ni ofynnodd y prifathro i Owen droi'n Eglwyswr. Ymateb Owen i agwedd eangfrydig y prifathro oedd mynychu gwasanaethau'r Eglwys fel arwydd o barch iddo.[1]

Enillodd Owen ysgoloriaeth mewn mathemateg i Goleg Iesu, Rhydychen yn 1872. Enillodd radd B.A. mewn mathemateg a'r clasuron yn 1876, a gradd M.A. yn 1879. Yn 1879 cafodd ei apwyntio yn Athro'r Gymraeg a darlithydd yn y Clasuron yng Ngholeg Dewi Sant, Llanbedr Pont Steffan.[2] Yn y flwyddyn honno hefyd, ac yntau yn ei ugeiniau hwyr erbyn hynny, y derbyniodd fedydd esgob. Yn ddiweddarach yr un flwyddyn, cafodd ei ordeinio yn ddiacon, ac yna yn 1880 yn offeiriad. Fe'i gwnaed yn Ddeon Llanelwy yn 1889. Gellid nodi fod Gee wedi ei ordeinio'n weinidog gyda'r Methodistiaid Calfinaidd yn 1847, ond ni fu ganddo ofalaeth.

Y Ddadl

Ymddangosodd y ddadl ar ffurf llythyrau a gyhoeddwyd yn *Y Faner* rhwng 25 Awst a 18 Tachwedd 1890. Cyhoeddwyd 12 llythyr, 5 gan Owen a 7 gan Gee. Nid yw llythyrau'r ddau yn ymddangos ym mhob yn ail rhifyn, fodd bynnag. Y prif reswm am hyn yw fod rhai o'r llythyrau, yn enwedig rhai Gee, mor faith, fel bod angen dau rifyn (ac unwaith yn achos Gee tri rhifyn) i'w cyhoeddi! O ddadansoddi'r ohebiaeth gellir darganfod 20 thema uniongyrchol berthnasol i'r ddadl, a thua hanner dwsin o themâu ychwanegol oedd yn llai uniongyrchol berthnasol.

Dewisodd Owen faes cyfyng iawn i'w drafod, sef moesoldeb y *dull* o ymgyrchu yn erbyn talu degwm, a adwaenid gan bawb erbyn hynny yn 'Rhyfel y Degwm'. Yr oedd Gee, fodd bynnag, yn llai awyddus i drafod hynny, gan ddewis yn hytrach i drafod yr holl *egwyddor* o dalu degwm. Cyhuddid Gee gan Owen o ddefnyddio'r problemau a oedd wedi codi ynglŷn â thalu degwm i hyrwyddo achos arall, sef datgysylltu'r Eglwys Wladol yng Nghymru. Dyna yn ôl y Deon oedd ei wir amcan yn y pen draw. Nid oedd y cyhuddiad hwn yn achosi unrhyw anghysur i Gee, wrth gwrs, ac mae'n amlwg na chredai ef erbyn hynny y gellid datrys problemau'r degwm yng Nghymru heb gymryd y cam eithaf o ddatgysylltu Eglwys Loegr yng Nghymru.

Yn ei lythyr cyntaf, mae Owen yn nodi nad treth oedd degwm ond yn hytrach mai eiddo ydoedd. Ond eiddo pwy? Roedd o leiaf dri ateb yn bosibl: eiddo'r amaethwr, eiddo'r Eglwys, neu eiddo'r Wladwriaeth. Mae Owen yn argyhoeddedig na fyddai neb o unrhyw blaid am ddadlau mai eiddo'r amaethwr yn bersonol oedd ei ddegwm. Credai mai eiddo'r Eglwys oedd y degwm oherwydd fod addunedau wedi eu gwneud ganrifoedd ynghynt i gysegru cyfran o gynnyrch y tir tra rhedai'r dŵr i ddibenion cysegredig. Nid oedd gan amaethwr a ddigwyddai fod yn dal y tir unrhyw hawl dros y cyfran hwnnw o'r cynnyrch – fe'i neilltuwyd i ddiben cysegredig cyn ei eni ef.

Er bod Gee yn derbyn y pwynt nad treth oedd degwm, mae'n anghytuno â dehongliad Owen ohono. Tra'n derbyn mai ar y tir y gosodid degwm, mae'n gwneud y pwynt mai llafur a buddsoddiad yr amaethwr oedd yn peri fod unrhyw gynnyrch i'w gael o'r tir. Ym marn Gee, eiddo'r Goron neu'r Wladwriaeth oedd y degwm, a dadleuai fod Eglwys Loegr yn derbyn hynny. I brofi ei bwynt mae'n dyfynnu'r llw, yn ei gyfanrwydd, a dyngodd Esgob Llanelwy (A. G. Edwards), fel pob esgob arall, gerbron y Frenhines wrth dderbyn ei apwyntio yn esgob. Y geiriau allweddol yw:

> … I do acknowledge that I hold the said Bishopric, as well the spiritualities as the temporalities thereof, only of your Majesty. And for the same temporalities I do my homage presently to your Majesty. So help me God.[3]

Mae Gee yn nodi hefyd mai drwy ddeddfau Seneddol y gwnaed Eglwys Loegr yn Eglwys Sefydledig. Yn hanesyddol, wrth gwrs, yr oedd hyn yn wir, ond byddai Eglwyswyr yn gwadu mai'r Senedd greodd yr eglwys honno. Yr oedd yr eglwys yn bod cyn y wladwriaeth, meddai Owen.

Bid a fo am hynny, fel y gwelai Gee bethau, drwy weithred y Senedd y gwnaed Eglwys Loegr yn Eglwys Sefydledig ac y gwnaed y brenin neu'r frenhines yn Ben Llywodraethwr arni, a bellach ni ellid newid ei threfn mewn unrhyw fodd heb sêl bendith seneddol.

Gosododd Gee bedwar rheswm dros ddadlau fod Eglwys Loegr wedi colli'r hawl i ddegwm. Ar ben ei restr gosododd y cyhuddiad ei bod wedi bradychu Protestaniaeth. Ei sail dros ddweud hynny oedd twf Mudiad Rhydychen yn Eglwys Loegr. Diben y mudiad hwn oedd ailafael yn etifeddiaeth Gatholig yr Eglwys Wladol. Hynny yw, ceisiai aelodau'r mudiad adfer, mewn defosiwn ac addoliad cyhoeddus, arferion a gollwyd wedi'r Diwygiad Protestannaidd (e.e., gwisgo'r casul i weinyddu'r Cymun, arogldarthu, adfer ymgroesi, y gyffesgell, gweddïo dros y meirw, ac yn y blaen). Mwy na hynny, dymunent ddehongli'r Deugain Erthygl Namyn Un mewn modd oedd yn caniatáu iddynt gynganeddu'n well gyda rhai o athrawiaethau Eglwys Rufain. Meddai Gee:

I ddechreu nid yw yr Eglwys yn ffyddlawn i'w hegwyddoroion ei hun; sef yr egwyddorion ar ba rai y gosodwyd hi yn ei sefyllfa bresennol, ac ym meddiant o'r Degwm! 'Y deugain Erthygl, namyn un,' sydd yn cynnwys prif egwyddorion Cristnogaeth, yn ol syniadau Protestanaidd yr Eglwys y pryd hwnw; ac y maent yn condemnio yr hyn a ystyrir fel prif gyfeiliornadau Eglwys Rhufain. A'r Erthyglau hyn yw y darnodiad cyfreithiol o Athrawiaethau Eglwys Loegr. Cyfansoddwyd hwy yn y flwyddyn 1563; a derbyniasant awdurdod y senedd, a sêl y brenin [h.y. Eisabeth I] yn 1571. Ond meddaf etto, nid ydyw yr Eglwys yn ffyddlawn i'r athrawiaethau yr ymrwymodd hi y pryd hyny i'w harddel a'u dysgu. A chan nad ydyw yn parchu telerau pwysicaf y cyttundeb, ond yn gwadu Protestaniaeth, ac yn cefnogi Pabyddiaeth, fe ddylid ei dadsefydlu – a hynny yn ddioed.[4]

Yn y ddadl hon, sylwn fel mae Gee wedi camu ymhellach na gwrthwynebu talu degwm a galw am ddadsefydlu'r Eglwys.

Mae ei syniad o beth oedd y cyfiawnhad yn y gorffennol dros gadw at statws sefydledig Eglwys Loegr yn ddiddorol. Ar ddechrau'r bedwaredd ganrif ar bymtheg yr oedd arweinwyr y Methodistiaid wedi bod yn gefnogol iawn i barhad yr Eglwys Anglicanaidd fel eglwys sefydledig. Dyma ddywed A. Tudno Williams yn ei lyfr *Mudiad Rhydychen a Chymru*:

Mae amharodrwydd y Tadau Methodistaidd i adael yr Eglwys Wladol yn hysbys ddigon, ac yr oedd John Elias yntau yn bleidiol iawn iddi. Yn ei farn ef yr oedd y Degwm yn hollol ysgrythurol, a chredai na ddylai'r un Methodist wrthod talu'r Dreth Eglwys. A phan gododd Datgysylltiad ei ben, derbyniodd y Sasiwn yn y Bala yn 1834 gynnig John Elias yn datgan nad oedd a wnleo'r Hen Gorff ddim ag ysgaru yr Eglwys Wladol oddi wrth y Llywodraeth. Credai fel llawer o'i gyd-Fethodistiaid fod yr Eglwys Wladol yn rhagfur ac yn amddiffynfa rhag Pabyddiaeth.[5]

Rhaid pwysleisio mai carfan yn unig o fewn yr Eglwys oedd yr Ucheleglwyswyr, ond ffromodd aelodau o'r garfan Efengylaidd yn yr Eglwys ac arweinwyr yr enwadau Anghydffurfiol am y modd y goddefai arweinwyr yr Eglwys arferion yr Ucheleglwyswyr, y 'Pusiaid' neu'r 'Defodwyr' yn eu plith. Dyfynnodd Gee ddatganiad gan un o esgobion mwyaf dylanwadol y garfan Efengylaidd, sef John Charles Ryle, Esgob Lerpwl, fel arf hwylus i boenydio Owen:

Y mae yr Eglwys yn y cyflwr mwyaf anfoddhaol. Eglwys ydyw, heb ynddi na threfn na disgyblaeth. Y mae hi mewn sefyllfa o aflywodraeth ac anrhefn, ac yn gymmysgfa drwyddi draw; ac os na cheir rhyw feddyginiaeth yn fuan, bydd raid iddi fyned yn llongddrylliad arni.[6]

Dyma sydd y tu ôl i haeriad Gee ei bod wedi bradychu ei sylfeini a'i hawl i fod yn Eglwys Wladol.

Yn wir, bu i Gee ymyrryd mewn anghydfod a gododd yn Ninbych ynghylch yr hyd a honnid oedd yn wyriad o Brotestaniaeth yr Eglwys Wladol. Gan fod adeilad Eglwys Ilar, ger y Castell, wedi mynd y tu hwnt i'w hadfer, codwyd eglwys newydd ym Mhwll y Garawys, sef Eglwys Fair. Yr oedd yn barod i'w chysegru yng ngwanwyn 1874, ond gwrthododd Esgob Llanelwy ar y pryd, Dr Joshua Hughes (y Cymro Cymraeg cyntaf i ddal y swydd ers cenedlaethau, gyda llaw) ei chysegru am fod y reredos yn cynnwys cerflun o Grist ar y Groes. Ystyriai ef hynny yn anghyfreithlon mewn eglwys Anglicanaidd. Bu helynt difrifol iawn am tua thair blynedd. Yn gynnar yn 1876, cynhaliwyd cyfarfod cyhoeddus yn y dref dan lywyddiaeth y Maer i drafod y cerflun. Yr oedd y cyfarfod yn agored i bawb o bob enwad ac aeth Gee yno. Yr oedd *Y Faner* eisoes wedi taranu fod Eglwyswyr Dinbych, 'yn barod wedi cofleidio ac yn addef egwyddorion y Babaeth'. Cododd Gee ar ei draed i annerch y cyfarfod. Meddai:

> Dymunaf ddywedyd yn y modd mwyaf pendant mai nid fel Ymneilltuwr yr wyf yma heno, ond fel un o'r plwyfolion. Ac fel y cyfryw, dadleuaf fod gennyf cystal hawl i ddatgan fy marn ar y cwestiwn sydd ger bron y cyfarfod âg sydd gan reithor Dinbych.[7]

Mae'n ddiddorol iawn fod Gee, er ei fod wedi gadael yr Eglwys Anglicanaidd, yn barod i ddefnyddio'r egwyddor o Eglwys Wladol a'i throi yn erbyn yr Eglwyswyr hynny a oedd yn ei farn ef yn difwyno purdeb ei Phrotestaniaeth. (Dylid gwneud y pwynt hefyd fod Gee, ynteu, oherwydd ei fod yn eangfrydig iawn, neu gyda golwg ar y ffaith fod Eglwyswyr yn ogystal ag Anghydffurfwyr yn rhoi busnes iddo, wedi cyfrannu tuag at gostau codi'r eglwys.)

Trown yn awr at ddadleuon eraill Gee dros ddadlau fod yr Eglwys wedi colli'r hawl i'r degwm. Ei ail ddadl yw fod llawer o'r degwm bellach yn cael ei ddefnyddio i ddibenion seciwlar ac er budd personol. Dyma ddadl lle roedd Gee yn medru gyrru'r neges adref drwy ddefnyddio ystadegau. Gallai eu defnyddio'n effeithiol dros ben, a gwyddai ei fod ar dir cadarn.

Roedd gwreiddiau yr hyn a ystyriai ef yn sgandal y camddefnydd o ddegwm yn mynd yn ôl i'r gorffennol pell. Yn yr Oesoedd Canol, o bryd i'w gilydd, gosodid plwyfi yng ngofal mynachlogydd, a chafodd nifer o'r mynachlogydd hynny yr hawl i dderbyn degwm y plwyfi yr oeddynt yn gyfrifol amdanynt. Fel rhan o'u cenhadaeth, sefydlodd rhai mynachlogydd ysgolion a cholegau a defnyddio eu degwm i'w cynnal. Yna, pan ddiddymwyd y mynachlogydd gan Harri VIII, cawsant hwy a'u tiroedd a'u hincwm eu gwerthu gan y Brenin i leygwyr. Cafodd rhai lleygwyr dylanwadol iawn felly afael ar yr hawl i dderbyn degwm, ac mewn sawl achos yr hawl hefyd i apwyntio offeiriaid i'r plwyfi y derbynient eu degymau ganddynt. Dangosodd ar ffurf tabl sut y dosberthid cyllid y degwm fesul sir.[8] Y mae'n dangos pedwar categori, fel hyn: categori [1] – clerigwyr yr eglwysi cadeiriol, gan gynnwys yr esgobion; categori [2] – y personiaid plwyf; categori [3] – lleygwyr; categori [4] - ysgolion a cholegau. Dyma'r manylion am sir Ddinbych:

[1] £13,413..1..6;
[2] £16,602..2..8;
[3] £5,524..17..3;
[4] 1,249..1..0.
Cyfanswm £36,789..2..5.

Am dderbynwyr degwm yng nghategori [1] mae'n dweud nad ydynt o unrhyw les i'r plwyfi lle codir eu degwm. 'Y mae y degymau yn codi o lafur, ac ymdrech, a chyfalaf amaethwyr y plwyfydd; ac yno y dylid eu defnyddio, ar bob egwyddor o gyfiawnder.' Wrth drafod y lleygwyr a dderbyniai ddegwm yng nghategori [3] mae'n rhestru deugain o aelodau'r bendefigaeth, gan nodi sut y rhennid 349 o fywiolaethau eglwysig rhyngddynt. Dyma rai enghreifftiau: Dug Beaufort 25; Dug Westminster 12; Ardalydd Exeter 16; Iarll

Ilchester 19; Arglwydd Penrhyn 4. Meddai amdanynt: 'Hawliant a derbyniant y Degymau fel y gwnânt ar drethi eu hetifeddiaethau – a defnyddiant hwy fel y cyfryw.' Am yr ysgolion a'r colegau yng nghategori [4] mae'n gwneud y pwynt eu bod oll bron y tu allan i Gymru.

Trydydd pwynt Gee wrth ddadlau fod yr Eglwys wedi colli'r hawl i ddegwm oedd ei haeriad fod yr Eglwys wedi methu yn ei chenhadaeth yng Nghymru. Dadl ystadegol sydd gan Gee yma eto. Mae'n cyfeirio at ddau Gyfrifiad Crefyddol a wnaed, y naill yn 1851 a'r llall yn 1887. Dyma ystadegau 1851 – nifer addolwyr mewn dau wasanaeth, Eglwys Loegr 123,614: yr eglwysi Anghydffurfiol gyda'i gilydd 563,080. Ystadegau 1887 – Eglwys Loegr 176,485: yr eglwysi Anghydffurfiol gyda'i gilydd 785,809. Does dim angen dadansoddi pellach i weld gwendid sefyllfa'r Eglwys. Yng nghyswllt yr Alban, yr oedd Gladstone wedi dweud, meddai Gee, fod yn rhaid i eglwys sefydledig wasanaethu mwyafrif y boblogaeth. Yng Nghymru roedd yn amlwg nad oedd yr eglwys sefydledig hon yn medru honni ei bod yn gwneud hynny.

Mae pedwerydd pwynt Gee yn clymu mater y degwm yn glòs gyda chwestiwn Datgysylltu'r Eglwys. Dadleuai ef y dylid datgysylltu'r Eglwys oherwydd dyna oedd barn y wlad. Ei sail dros ddweud hynny oedd fod mwyafrif etholwyr Cymru wedi cefnogi ymgeiswyr seneddol a oedd o blaid Datgysylltiad.

Y dadleuon cryfaf o bell ffordd dros ddiddymu'r degwm – ac yn wir dros Ddatgysylltiad hefyd – yw'r ail a'r drydedd, sef y defnydd seciwlar, ac annheilwng hyd yn oed, a wneid o gyfran sylweddol o'r degymau a safle leiafrifol yr Eglwys Sefydledig yma yng Nghymru. Dadl anodd i'w chynnal yw'r ddadl gyntaf, sy'n seiliedig ar ffyddlondeb Eglwys Loegr i athrawiaeth a disgyblaeth y Deugain Erthygl Namyn Un. Bwriad setliad crefyddol Elisabeth I oedd sicrhau eglwys wladol gynhwysol. Roedd hynny'n rhagdybied y byddai ystod eithaf llydan o safbwyntiau o'i mewn, ac i lawer o'i hedmygwyr dyna yw ei chryfder o hyd. Drwy fod yn gul, byddent hwy yn dadlau, fe fradychai Eglwys Loegr ei hegwyddor sylfaenol. Mae gwendid amlwg yn y bedwaredd ddadl hefyd, sef fod cefnogaeth etholwyr i ymgeiswyr seneddol oedd yn gefnogol i Ddatgysylltiad yn brawf fod yr holl etholwyr hynny o blaid Datgysylltiad. Bydd gan bob ymgeisydd seneddol nifer o bolisïau i'w cynnig i'r etholwyr, ond nid yw'n dilyn fod pob un a bleidleisiodd drosto yn gefnogol i bob un o'i bolisïau nac yn wir i un polisi penodol.

Yn ychwanegol at yr holl ddadleuon a osododd Gee ger bron o blaid Datgysylltiad fe wyntyllodd y canfyddiad mai 'estrones' oedd Eglwys Loegr yng Nghymru. Wrth dynnu at derfyn ei lythyr olaf mae'n dweud,

> Yr wyf yn awr yn terfynu – gan ffarwelio â fy ngwrthwynebydd ar faes y ddadl hon; a gobeithiaf fy mod wedi llwyddo i'w oleuo am rai ffeithiau, o leiaf, sydd yn dwyn cysylltiad â bodolaeth y Sefydliad, nad oedd efe yn eu gwybod o'r blaen. Ond os oedd efe yn gydnabyddus â hwynt, nis gallaf beidio dadgan fy syndod ei fod erioed wedi troi ei gefn ar Ymneillduaeth, ac ymuno â'r hen Eglwys! A dywedaf fwy – nis gallaf ddirnad pa fodd y mae dynion gwir alluog, a gwir grefyddol – oblegid credaf fod llawer o'r cyfryw o fewn yr hen furiau etto – yn gallu parhau i gefnogi y fath 'Estrones,' o ran iaith, a chydymdeimlad, ac enw – o blegid '*Eglwys Loegr* yng Nghymru' ydyw hi![9]

Pa mor deg oedd y fath haeriad? Ar un wedd yr oedd yn gwbl hurt. Wedi'r cyfan esgobion ac ysgolheigion Eglwys Lloegr fel Richard Davies, William Salesbury, William Morgan, Richard Parry a John Davies, Mallwyd, roddodd i ni'r Beibl Cymraeg; cyfoethogwyd addoliad a defosiwn Cymraeg gan glerigwyr fel yr Archddiacon Edmwnd Prys a'r Ficer Prichard; offeiriad yn Eglwys Loegr oedd Gruffydd Jones, Llanddowror, a ddysgodd y genedl i ddarllen Cymraeg; Eglwyswyr pybyr oedd llenorion Cymraeg o fri fel Ellis Wynne, Theophilus Evans a Goronwy Owen; ac yn ystod ei oes ei hun, ni fu neb mor selog dros iaith a hanes Cymru na'r offeiriad John Williams (Ab Ithel), brodor o Langynhafal.

Mae'r rhestr o garedigion y diwylliant Cymraeg a oedd hefyd yn Eglwyswyr yn un faith iawn, a gallwn yn wir gynnwys Owen yn eu plith – bu'n Athro'r Gymraeg yng Ngholeg Dewi Sant, Llambed, ac yr oedd yn amlwg yng ngweithgareddau'r Eisteddfod Genedlaethol a'r Orsedd.

Ond yr oedd gwedd arall ar bethau. Gallai'r Eglwys addurno ei ffenestr siop gyda digon o Gymry amlwg, ond ar lawr gwlad, yn y plwyfi, eglwys y byddigion, y tirfeddianwyr Torïaidd, haenau breintiedig a Seisnig cymdeithas oedd hi yn aml. Gan iddi fethu uniaethu ei hun â bywyd a buddiannau'r boblogaeth Gymraeg ei hiaith, collodd ei gafael arni i raddau helaeth. Yr oedd ambell Eglwyswr amlwg yn deall hynny, ac yn barod i fynegi hynny. Un o'r rhain oedd Deon Bangor, y Tra Pharchedig H. T. Edwards (brawd A. G. Edwards, Esgob Llanelwy). Dyfynnodd Gee sylwadau a wnaeth Edwards yng Nghyngres Eglwysig Abertawe yn 1879, sylwadau a fyddai wedi peri cryn anghysur i Owen:

> For 150 years, every teacher whose name lives in the hearts of the Welsh people has been, almost without exception, a Nonconformist. While the bishops were laying hands upon unfit men, the natural heaven-born teachers of Wales were influencing thousands in the chapel and *cymmanfa*. Of the clergy, those who were educated, knew no Welsh – and those who knew Welsh, were not educated. Those who had something to say, couldn't say it to the people – and those who could say it, had nothing to say.[10]

Deilliannau

Daeth Rhyfel y Degwm i ben yn eithaf sydyn wedi i lywodraeth yr Arglwydd Salisbury ddeddfu yn 1891 mai cyfrifoldeb y tirfeddiannwr ac nid y tenant oedd y degwm. Byddai sicrhau Datgysylltiad yn cymryd tipyn mwy o ymdrech. Enillodd Gladstone etholiad 1892, ond siomwyd y Rhyddfrydwyr Anghydffurfiol Cymreig pan wrthododd â chyflwyno mesur Datgysylltiad ger bron y Senedd. Ond wedi gwrthryfel gan bedwar o Ryddfrydwyr Cymreig oherwydd amharodrwydd ei olynydd Rosebery i gynnwys mesur Datgysylltu yn Araith y Frenhines, bu ailfeddwl, ac o'r diwedd fe gyflwynwyd Mesur Datgysylltu Eglwys Loegr yng Nghymru yn 1894. Ni lwyddodd y Mesur hwnnw i gyrraedd pen ei daith oherwydd gwrthwynebiad Tŷ'r Arglwyddi, a rhaid cydnabod bod diffyg brwdfrydedd hyd yn oed yn rhengoedd Rhyddfrydwyr Lloegr yn Nhŷ'r Cyffredin. Cafwyd ail Fesur felly yn 1895 ond trechwyd y Llywodraeth ar fater arall, a gyda'i chwymp, collwyd y Mesur Datgysylltu. Trwy gydol y degawd nesaf, 1895–1905, y Torïaid oedd mewn grym, a dim awydd o gwbl ar eu rhan i danseilio statws yr Eglwys Wladol yng Nghymru. Gan i Gee farw yn 1898 ni chafodd fyw i weld gwireddu un o'i ddyheadau dyfnaf.

Rhwng 1895 a dyfodiad y llywodraeth Ryddfrydol nesaf yn 1905 daeth newid mawr dros gymdeithas yng Nghymru. Gyda chynnydd sylweddol mewn datblygiadau diwydiannol gwelwyd mewnlifiad pobl o'r tu allan i Gymru, a amlygodd broblemau economaidd a chymdeithasol newydd eu hunain. Nid oedd trwch y boblogaeth yn ymwybodol bellach o broblem y degwm, ac yn sicr nid oedd ei ddileu yn un o flaenoriaethau y mudiad Llafur ifanc. Dangosodd ystadegau Comisiwn Brenhinol 1906 fod yr Annibynwyr, y Wesleaid a'r Bedyddwyr yn colli aelodau tra bod cynnydd yn niferoedd y rhai a fynychai'r Eglwys. Yr oedd yr ymgyrch Datgysylltiad yn prysur golli stêm. Serch hynny, yn 1909 fe gyflwynodd y llywodraeth Ryddfrydol drydydd Mesur Datgysylltiad, ond methodd gyrraedd pen ei daith, yn bennaf oherwydd yr holl stŵr a godwyd gan 'Gyllideb y Bobl', Lloyd George. Am y pedwerydd tro, cyflwynwyd Mesur Dadtgysylltiad yn 1912 ac fe gyrhaeddodd hwnnw y Llyfr Statud yn llwyddiannus yn 1914. Daeth i rym yn 1920.

Wrth edrych yn ôl a cheisio cloriannu effeithiau'r ymgyrch dros Ddatgysylltiad, nid yw ei lwyddiant yn ymddangos fel buddugoliaeth ddigamsyniol. Un o'r effeithiau tristaf oedd y modd y rhannwyd cymunedau gwledig yn 'ni' a 'nhw', yn Gapel ac

Eglwys. Yr oedd y rhwyg hwn yn gwanychu'r ysbryd cymdeithasol yn y cymunedau hynny. Sugnodd yr ymgyrch lawer o egni gwleidyddol gan wanychu ac weithiau wenwyno ymgyrchoedd eraill. Yr oedd hyn yn arbennig o wir ym maes y gyfundrefn addysg. Cafodd ystyriaethau enwadol flaenoriaeth dros ystyriaethau mwy perthnasol i addysg, megis lle'r iaith Gymraeg yn y gyfundrefn honno. Y gwir yw mai'r gyfundrefn addysg – cynradd, uwchradd a phrifysgol – oedd y wir *'estrones'*. Cyfundrefn addysg Saesneg a Seisnig oedd cynnyrch Rhyddfrydiaeth Anghydffurfiol. O ran y Blaid Ryddfrydol yng Nghymru, fe ymddieithriodd yr ymgyrch hi o'r genhedlaeth iau o radicaliaid yr ardaloedd diwydiannol poblog ac fe'i disodlwyd gan y Blaid Lafur.

Beth ynteu a enillwyd? Fe ddiddymwyd anghyfiawnder cyfundrefn y Dreth Eglwys a'r Degwm. I'r sawl a effeithiwyd ganddynt, buont yn fwrn a hyd yn oed yn ormes. Fe dorrwyd crib dosbarth breintiedig, trahaus a Seisnig o'r boblogaeth wledig. Drwy gyfyngu'r Datgysylltiad i Gymru, er bod galw am ddeddfwriaeth debyg o sawl cyfeiriad i Loegr hefyd, fe danlinellwyd cenedligrwydd arbennig Cymru. Yn olaf, ond nid y lleiaf, fe anadlodd anadl einioes i esgyrn sychion yr Eglwys yng Nghymru. Cafodd arweinwyr Anglicaniaeth Cymru eu dwysbigo gan y label *'estrones'* a roes Thomas Gee arni. I wrthsefyll y canfyddiad hwnnw ohoni, fe ymdrechodd i arddangos gyda balchder ei hetifeddiaeth Gymreig hynafol. Portreadodd ei hun, nid fel sefydliad Seisnig a grewyd yn oes y Tuduriaid neu gan y gorchfygwyr Normanaidd, ond yn hytrach fel eglwys a safai mewn olyniaeth ddi-dor o Oes y Seintiau a'r Eglwys Geltaidd – Yr Hen Fam, nid Yr Hen Estrones.

Pan ddaeth Archesgob Caergaint (Dr Edward White Benson) i'r Rhyl i annerch cynhadledd eglwysig yn 1891 dywedodd hyn wrth Eglwyswyr Cymru:

You… are our eldest selves, fountain of our Episcopacy, the very designers of our sanctuaries, the primeval British dioceses from which our very realm derives its only title to be called by its proudest name of Great Britain – I come to you from the steps of the Chair of St Augustine, your younger ally...[11]

Dyma dynnu ar ddehongliad o hanes eglwysig Prydain a gawsai'r Cymry yn groyw yn ei ragymadrodd i Destament Newydd William Salesbury gan yr Esgob Richard Davies yn 1567:

Galw ith cof dy hen fraint ath anrhydedd mawr herwydd ffydd Christ a gair Duw a erbyniaist o flaen ynysoedd y byt. Crefydd Christ ath harddai am yt i gael yn gowir ac yn bur mal y dyscawdd Christ yw Abostolion ae ddyscyblion: ac yt gadw yn berffaith ac yn ddilwgr, a phris gwaed dy ferthyron gwynfydedic. Ni ddigwyddodd hyny ir Saeson gynt... hwyr ir erbyniasont wy ffydd Christ, ac amhur a llygrdic i cowsant, y tro cyntaf i cowsant.[12]

Mynegir yr ymwybyddiaeth o etifeddiaeth yn ymestyn yn ôl at Eglwys y Brython ac Oes y Saint yn emyn W. Eilir Evans a gynhwysir yn *Emynau'r Eglwys*:

Yr Eglwys hen Brydeinig,
    Ti ydwyt gangen ir
O'r Eglwys Lân Gatholig
    A blannwyd yn ein tir;
Os ydwyt hen, yn gryfion
    Y saif dy furiau glwys;
Ac ar dy dŵr, yn llwydion
    Ganrifoedd rônt eu pwys.

Ardderchog lu'r Merthyron
    O'th gylch sy'n gytgor glân,
A'th Seintiau a'th Wyryfon
    Ymuna yn y gân:
Mae Illtyd, Dyfrig, Teilo
    A Phadarn iti'n blant,
A Deiniol, Asaff, Beuno,
    A'r enwog Ddewi Sant.

O Eglwys hen, ti sefaist
    Trwy'r holl ganrifoedd maith,
A thrwy bob newid deliaist
    Yn ffyddlon wrth dy waith;
Er sismau trist a rhyfel,
    Ac erlid llawer oes,
Dy Allor sydd ddiogel,
    A'th nawdd sydd yn y Groes.[13]

Mewn un ystyr, colli'r frwydr wnaeth yr Eglwys. Fe'i dadsefydlwyd a'i dadwaddoli'n ogystal, ond bu hynny'n llesol iddi. Wedi ymddihatru o lyffethair y Wladwriaeth gallodd uniaethu'n fwy gyda bywyd ysbrydol a thymhorol y genedl, a gyda chreu swydd newydd Archesgob Cymru (yn hytrach na, dyweder, Archesgob Tyddewi) tanlinellodd ei chenhadaeth genedlaethol. Gellir dweud, mewn ffordd, fod Thomas Gee yn anuniongyrchol wedi ei gwneud hi'n bosibl i'r Hen Estrones adennill ei dinasyddiaeth Gymreig.

Nodiadau

[1] E. E. Owen, *The Early Life of Bishop Owen: A Son of Lleyn* (Llandysul: Gomerian Press, 1958), t. 22.

[2] Gadawodd Owen ei swydd fel Athro yng Ngholeg Dewi Sant am swydd Warden Coleg Llanymddyfri (yn olynydd i A. G. Edwards) yn 1885. Pan ddaeth A. G. Edwards yn Esgob Llanelwy yn 1889, penodwyd Owen yn Ddeon Llanelwy. Yn y cyfnod hwn y bu'r ddadl rhyngddo a Gee yn y *Faner*. Wedi tair blynedd yn Ddeon Llanelwy, gwnaed Owen yn Brifathro Coleg Dewi Sant, Llanbedr Pont Steffan. Fe'i penodwyd yn Esgob Tyddewi yn 1897. Yn 1925 cafodd ei apwyntio gan Lywydd y Bwrdd Addysg yn gadeirydd y Pwyllgor Adrannol ar y Gymraeg yng Nghyfundrefn Addysg Cymru, ond bu farw yn 1926 cyn medru gweithio ar yr adroddiad *Y Gymraeg Mewn Addysg a Bywyd* (1927).

[3] *Baner ac Amserau Cymru*, 1 Medi 1890.

[4] *Baner ac Amserau Cymru*, 14 Hydref 1890.

[5] A. T. Williams, *Mudiad Rhydychen a Chymru* (Dinbych: Gwasg Gee, 1983), t. 106.

[6] *Baner ac Amserau Cymru,* 14 Hydref 1890.

[7] T. Gwynn Jones, *Cofiant Thomas Gee* (Dinbych: Gee a'i Fab, Cyf., 1913), t. 348.

[8]   *Baner ac Amserau Cymru*, 21 Hydref 1890.

[9]   *Baner ac Amserau Cymru*, 18 Tachwedd 1890.

[10]   *Baner ac Amserau Cymru*, 18 Tachwedd 1890.

[11]   Archbishop of Wales (A. G. Edwards), *Memories* (Llundain: John Murray, 1927), t.164.

[12]   Garfield H. Hughes, *Rhagymadroddion 1547–1659* (Caerdydd: Gwasg Prifysgol Cymru, 1967), t. 42.

[13]   *Emynau'r Eglwys* 547 – mae i'r emyn cyfan bum pennill.

Syr Henry Jones
a Diwygiad '04–'05

Syr Henry Jones, C. H.
(T & R Annan & Sons, Glasgow)

A R GALAN MAI 1905 yr oedd hi'n dywydd garw, ond serch
hynny, yng Nghaernarfon cynhaliwyd Gŵyl Lafur lle
traddodwyd anerchiad gan Henry Jones ar y testun, 'Y Diwygiad:
a'r hyn eill ddod ohono'. Cyhoeddwyd yr anerchiad yn fuan
wedyn gan *Yr Herald*, ac yna fe'i cynhwyswyd yn y gyfrol fechan,
Dinasyddiaeth Bur ac Areithiau Eraill, a gyhoeddwyd yn 1911 gan
Undeb Chwarelwyr Gogledd Cymru. Yn yr ysgrif hon, eir ati i
drafod araith Henry Jones, ac yna ystyried yr agweddau tuag at
y Diwygiad a tuag at Henry Jones a fynegwyd tua hanner can
mlynedd yn ddiweddarach, ar ddechrau pumdegau'r ugeinfed
ganrif.

Erbyn 1905 yr oedd Henry Jones yn Athro ym Mhrifysgol Glasgow, ac ar ddechrau ei anerchiad mae'n cyfaddef nad oedd ganddo brofiad uniongyrchol o'r Diwygiad. Daeth ei wybodaeth amdano drwy gyfrwng llawer o gyfeillion o Gymru, a'r adroddiadau a gafwyd yn y wasg. Serch hynny yr oedd ganddo brofiad uniongyrchol o ddiwygiad cynharach, sef Diwygiad '59. Bryd hynny yr oedd yn blentyn tua saith oed ac yn byw yn Llangernyw. Dywed fod ganddo 'gof clir' amdano, 'nes braidd y clywaf heddyw lais dwy o famau yr Eglwys yn ymgordeddu yn orfoleddus â llais y pregethwr; cof am nifer o fechgyn bychain yn cynnal cyfarfodydd gweddïo dirgel, mewn adeilad bychan adfail'. Mae'n sôn hefyd am effeithiau'r diwygiad hwnnw:

> Y mae ffrwyth y deffroad hefyd o flaen fy llygaid yn dra eglur. Torrwyd y ddadl mewn llawer enaid ar y pryd. Daeth i mewn i'r eglwys, rai a fu, hyd eu bedd, yn golofnau cedyrn a'u seiliau ar y graig, i eglwys Dduw. Y mae ychydig iawn ohonynt yn fyw hyd heddiw; ac fe ellwch bron eu hadwaen oddiwrth eu gweddiau – y mae tinc melys yr hen brofiad gorfoleddus i'w glywed ynddynt hyd eto. Ond torrwyd y ddadl mewn llawer enaid mewn ystyr arall, ysywaeth. Cyrhaeddodd fflam y diwygiad hwythau hefyd. Ond, O! Y canlyniad alaethus! – aeth tros eu hysbryd fel y cerdd tân goedwig, gan adael ar ei ôl brennau crinion ar eu traed, heb bryd na thegwch arnynt, na dalen werdd byth mwy.[1]

Dywed Henry Jones ychydig mwy am y Ddiwygiad '59 yn ei hunangofiant, *Old Memories*, a ysgrifennwyd tua 1921. Cyfeiria at was ffarm yn malu panel pren yn y pulpud gyda'i ddwrn mewn gwewyr ysbrydol, ac am flaenor yn mynd o un pen i'r capel i'r llall ar ei liniau. Fe berthynai i'r diwygiad hwnnw 'strange excellencies and absurd extravagances' meddai. Mae'n adrodd hefyd fel y bu iddo glywed sŵn y Diwygiad yn cyrraedd Capel y Cwm, a hynny ar achlysur prin pan nad oedd ef yn yr oedfa. Dywed i hyn ei ddwys-bigo, gan iddo ddehongli'r ffaith hon fel arwydd nad oedd ef ymhlith 'yr etholedigion'. Ei sylw ar y pryder hwnnw oedd:

Manifestly my Calvinistic up-bringing was thorough; and even
then the main joists of my creed were being laid, and by other
hands than my own.[2]

Ond, rhwng Diwygiad '59 a Diwygiad '04–'05 yr oedd
newidiadau mawr wedi digwydd ym mywyd deallusol Henry Jones.
Yn ôl ei gofiannydd Hector Hetherington, dywedai Henry Jones,
'I was born in Llangernyw in 1852, and born again in 1876 in
Edward Caird's classroom.'[3] Fel myfyriwr ym Mhrifysgol Glasgow
y daeth dan ddylanwad Edward Caird, un o arweinwyr amlycaf y
mudiad Idealaidd mewn athroniaeth, mudiad oedd a'i wreiddiau
yn athroniaeth yr athronydd Almaenig, Hegel. Dyry Henry Jones
ddisgrifiad o'r trawsnewidiad a brofodd yn ei syniadau crefyddol
dan gyfaredd Caird:

Old things passed away, never to return. There was never any
direct negative criticism of the traditional beliefs which we had,
like others, accepted without examination or criticism. We were
led, rather, to assume a new attitude of mind; and articles of
our creed simply became obsolete. When I entered the moral
philosophy class, the story of Jonah gave me no difficulty: and
had Jonah been credited with swallowing the whale, I should
have had no difficulty. And as to denying the story as it is told,
on the biological ground that the throat of the whale is small and
that he lives on small sea-creatures, I would have agreed with the
reply of the Welsh preacher, who tossed the anatomical argument
on one side with contempt, and said ' My brethren! If the Lord
wanted a whale with a big throat, he could have made a whale
into which the Great Eastern could pass at one end and come
out at the other end without striking a singe sail.' The argument,
even yet, seems to me flawless, provided the miraculous premises
are admitted. Before the end of the session, miracles had lost their
interest for me, and the legal and vindictive creed in which I had
been nurtured had passed away, like a cloud. I wanted to shorten
the creed so that it should consist of one article only: 'I believe
in a God who is omnipotent love, and I dedicate myself to His
service'.[4]

169

Calfiniaeth ei febyd, wrth gwrs, yw'r 'legal and vindictive creed in which I had been nurtured'. Er iddo deimlo y gallai gyfleu ei gredo mewn un frawddeg, ni rwystrodd hynny Henry Jones rhag ysgrifennu'n helaeth ar ei ddaliadau crefyddol. Efallai y gellid eu crynhoi i ryw bum pwynt.

(1) Fel y gwelsom uchod, credai mewn Duw cariadus. Ar garreg ei fedd gwelir y geiriau Lladin, 'amor omnipotens', sef cariad hollalluog.

(2) Gellir darganfod Duw drwy ddefnyddio rheswm yn unig. Dywedodd yn y rhagymadrodd i'w ddarlithoedd Gifford, *A Faith that Enquires*, 'Let a man seek God by way of pure reason, and he will find him'.[5]

(3) Mae rheswm yn gyffredin i bawb: ni ddylid pwyso felly ar ddatguddiadau neilltuedig honedig. 'There is spot on earth anywhere that is not holy ground, and no bush that does not burn...'[6] Safbwynt a fynegwyd yn fwy awenyddol yn Gymraeg gan Gwili:

Pa le y mae Horeb? Ai dim ond un berth
A welodd Jehofa erioed yn werth
Dyfod i'w brig yn fflamau byw?
Mae pob un o'r perthi yn llosgi gan Dduw!

Meddai Henry Jones drachefn yn *A Faith that Enquires*:

I am loath, indeed, to admit that God reveals what is vital
to some and not to others, and reveals only by the rare and
doubltful methods of dreams and visions and ancient books and
stoled officials. His revelation is unversal – all around, always
and everywhere – open to everyone all the time...[7]

(4) Ni ddylid ysgaru y naturiol a'r ysbrydol oddi wrth ei gilydd, nac ysbryd dyn ac ysbryd Duw oddi wrth ei gilydd ychwaith. Mae undod bod yn cael ei amlygu yn namcaniaeth esblygiad, allwedd i ddealltwriaeth gyflawn o foesoldeb a chrefydd, yn ogystal ag o'r byd naturiol. Meddai Henry Jones yn ei lyfr ar y bardd Robert Browning:

Now to those persons who are primarily interested in the ethical and religious phenomena of man's life, the idea of abolishing the chasm between spirit and nature is viewed with no little apprehension. It is supposed that if evolution were established as a universal law ... the mental and moral life of man would be degraded... as if the validity of religion depended upon the maintenance of their separating boundaries...

The derivation of spiritual from natural laws thus appears to be fatal to the former; and religious teachers naturally think that it is necessary for their cause to snap the links in the chain of evolution, and... to establish absolute gaps, not only between the inorganic and organic worlds, but also between the self-conscious life of man and the mysterious, spiritual life of Christ or God... On the contrary, this idea is, in all the history of thought, the first constructive hypothesis which is adequate to the uses of ethics and religion.[8]

(5) Mae pob dyn yn fab Duw, fel Iesu Grist. Un o'r hanesion enwog am Henry Jones yw ei ymateb pan eglurodd John Morris Jones wrtho pam yr oedd blaenoriaid capel yn Llanfairpwll yn hwyrfrydig i'w wahodd i bregethu yno. 'Maent wedi clywed si eich bod yn gwadu dwyfoldeb Crist' meddai John Morris Jones. 'Myfi,' ebychodd Henry Jones, 'yn gwadu dwyfoldeb Crist! Ni feiddiwn i wadu dwyfoldeb unrhyw ddyn!' Dyma sut y mynegodd ei safbwynt yn *The Idealism of Jesus*:

I believe Jesus was divine. But when it is said that the splendour with which he was clothed, and which was divine, was his only, that it made him stand absolutely alone in the world, I must demur.[9]

Bydd hynny o amlinelliad yn ddigon i ddangos pa mor bell yr oedd Henry Jones wedi crwydro o uniongrededd Cyffes Ffydd y Methodistiaid Calfinaidd ers Diwygiad '59! Yr oedd ei ymateb i Ddiwygiad '04–'05 felly yn debygol o fod yn ochelgar iawn.

Yn ei araith mae Henry Jones yn awyddus i sefydlu'r gwahaniaeth rhwng crefydd ac ofergoeledd. Dyma sut y mae'n portreadu ofergoeledd:

Y mae ei bryd hi, nid ar y goruwch-naturiol, ond ar yr *an*-naturiol. Nid yw hi yn gweld gogoniant Duw yn nhrefn natur, ond yn y di-drefn a'r afresymol. Pan ddeallo dyn achosion ei phethau hi, ac y rhydd gyfrif amdanynt, diflana eu holl swyn hwynt, ac nid oes ganddi ddyddordeb ynddynt mwy. Y mae hi yn sarhau, yn dirmygu, yn caethiwo rheswm; tiriogaeth y nos yw ei thiriogaeth hi, lle y gorthrymir yr enaid gwan gan ofnau diethr a disail. Ac nid oes gwerth *moesol* o gwbl yn ei phethau hi...[10]

Ychydig yn ddiweddarach mae'n gwrthgyferbynnu ofergoeledd â 'chrefydd Crist' gyda chyfres o gwestiynau rhethregol:

Beth yw ei seiliau hi [h.y., crefydd Crist]? Ai y diethr a'r di-ddeddf? Ai rhyfeddodau ac arwyddion? Ai breuddwydion, a gweledigaethau, a llewygfeydd, a llesmeiriau? Nage, yn ddiddadl, fy mrodyr. Chwilio am yr Iesu mewn bedd gwag ydyw chwilio amdano yn y pethau anianol hyn.[11]

Mae'r ymosodiad ar yr hyn a eilw ef yn 'ofergoeliaeth' yn gyson â'r credo pum pwynt a nodwyd uchod, ac yn rhybudd y gallai rhai agweddau o'r Diwygiad ddeillio o ofergoeledd yn hytrach na 'chrefydd Crist'.

Tybed faint a wyddai Henry Jones ym Mai 1905 am brofiadau Evan Roberts? Rhaid cofio fod y Diwygiad eisoes ar gerdded cyn i Evan Roberts ddod yn rhan ohono, ac o'r degau o filoedd o gyfarfodydd a gynhaliwyd rhwng 1904 a 1906, dim ond mewn rhyw ddau gant a hanner ohonynt y bu Evan Roberts.[12] Serch hynny, mae Evan Roberts yn allweddol i unrhyw ddealltwriaeth o natur Diwygiad '04-'05. Mewn ymdriniaeth gryno a chytbwys o'r Diwygiad dywed yr Athro Densil Morgan am brofiadau Evan Roberts:

Byddai'n profi'n gyson deimladau o orfoledd, a honnai iddo gael
ugain a mwy o weledigaethau llesmeiriol yn ystod misoedd cyntaf
1904, ac i'r rhain ei adael yn orfoleddus ei ysbryd, ond eto i gyd
mewn penbleth... Dywedodd fod pedwar 'amod' ynghlwm wrth
ddiwygiad... [a]... Dywedodd wrth Sydney Evans, cyd-fyfyriwr
yng Nghastellnewydd Emlyn a chyd-genhadwr, mai Duw ei hun a
ddatgelodd y pedwar 'amod' hyn iddo.[13]

Cawn fwy o oleuni ar gyflwr meddwl Evan Roberts mewn
dadansoddiad gan Gaius Davies, seiciatrydd profiadol iawn a
Christion o argyhoeddiad, o bersonoliaeth y diwygiwr. Mewn
ysgrif ddiweddar dywedodd:

Credaf ei bod hi'n amlwg ym mywyd cyhoedddus Evan Roberts
... [ei] fod yn ei chael hi'n hawdd mynd i lewyg neu lesmair. Mae
lle i gredu bod y person sydd â'r tueddiadau hyn ganddo yn ei
chael hi'n haws o lawer i weld gweledigaethau, i wrando ar leisiau
mewnol, a chael profiadau dwfn yn y maes ysbrydol.
Heb fynd mor bell â sôn am fod yn ofergoelus, gellir dweud fod
elfennau *hygoelus* ym mhersonoliaeth Evan Roberts. Hynny yw,
roedd yn *suggestible*, yn barod i gredu yn hawdd – ac yn sicr roedd
ei ddilynwyr weithiau yn hygoelus dros ben.[14]

Mae'n amlwg fod pryderon wedi cael eu mynegi am gyflwr
meddwl Evan Roberts cyn iddo ddechrau ar ei yrfa fel diwygiwr.
Yn ôl Gaius Davies,

Cyn cychwyn ar ei waith gyda'r Diwygiad yn 1904 fe ddywedir
bod gweinidog Presbyteraidd o'r Unol Daleithiau wedi bod yn
siarad ag Evan Roberts (sef Dr Hughes o Rome, talaith Efrog
Newydd). Ofnai hwnnw am ei gyflwr meddyliol. Dywedir gan D.
M. Phillips yn ei lyfr fod Dr Hughes wedi gofyn i ferched Evan
Phillips yng Nghastellnewydd Emlyn gadw golwg arno, rhagofn ei
fod yn 'dechrau mynd yn *religious maniac*'.[15]

Unwaith eto, rhaid cofio mai dim ond un agwedd ar y Diwygiad oedd y profiadau llesmeiriol hyn, ond dyma'r agwedd, mae'n amlwg, y byddai Henry Jones leiaf esmwyth yn ei chylch. Eto, ni ddylid gwneud gormod o hyn. Nid crefydd ymenyddol llwyr oedd ei ddelfryd. Nid oedd yn erbyn teimladrwydd fel y cyfryw; i'r gwrthwyneb yn wir:

Nid oes gennyf fi un gair i'w ddweud yn erbyn teimladaeth ddofn ym mhethau crefydd. Oblegid rhaid i mi gyfaddef fod arnaf ofn yr adeg pan y peidio tonnau teimlad â'u hymchwydd.[16]

Credai, fodd bynnag, fod angen sicrhau beth oedd sylfaen y teimladau a beth a adeiledid arnynt:

... nid yng ngrym ei ymdeimladaeth yn unig y mae cuddiad cryfder enaid, na gwraidd dyfnaf ei les. Oblegid codi oddiar rywbeth arall y mae teimlad bob amser, ac mae gwerth y teimlad yn dibynnu ar yr hyn y tardd o hono ac ar y gwaith a'i dilyna.[17]

Craidd crefydd ysbrydol i Henry Jones oedd cariad, cariad Duw. Dyma unig darddiad dilys deffroad i grefydd ysbrydol:

Ar hyd llwybr ysbrydol y deuwn ni at y pethau ysbrydol. A chanol y llwybr hwn ydyw llwybr cariad. Hanfod crefydd Crist ydyw'r Groes, a hanfod y groes ydyw'r cariad a hoeliodd yr Iesu arni hi; oblegid beth arall ond cariad at ddynolryw, a'i harweiniodd i fryn Golgotha? A'r cariad hwn hefyd esyd werth ar ei holl ddioddefiadau. Edrychwch drwy yr allanol at yr ysbrydol, fy mrodyr; drwy y dioddefaint at y Crist yn caru dynolryw, a thrwy Grist at y Duw a ddatguddiodd efe.[18]

A dyma sy'n deillio o ddeffroad i grefydd ysbrydol:

Deffro at waith ydyw y deffroad crefyddol pan ddelo oddi wrth Dduw.[19]

A wyddoch chwi... mai yr unig ffordd y gall dyn wir wasanaethu
ei Dduw, ydyw trwy wneuthur gwasanaeth i'w gyd-ddyn?...
Gwasanaeth ydyw crefydd... Dyna amcan y canu, y gweddio, yr
addoli, y moliannu. Dyna amcan mynychu eglwys Dduw a holl
ordinhadau gras – ein paratoi at waith. Ydych chi'n siwr... nad
ydych chwi ddim yn camgymeryd y moddion am y gwaith?[20]

Mae Henry Jones yma yn adleisio safbwynt a fynegwyd gan
yr athronydd Bernard Bosanquet, aelod amlwg iawn o ysgol yr
Idealwyr, cyn belled â 1889:

If we speak of duties to God, we mean the same duties as duties to
man. Worship or prayer, in the sense of meditation are good things
if they help us to do our real duties. But it is a sad degrdation of
words to speak of a ceremony in a church as Divine Service.[21]

Ac nid galwad penagored i waith annelwig gafwyd gan Henry
Jones ychwaith. Ar ddiwedd ei araith, mae'r perorasiwn yn nodi
meysydd pendant i weithio ynddynt:

A dyma ddymunwn i weld heddyw, ac am flynyddoedd hirfaith
eto: y teimlad a ddeffrowyd yng Nghymru yn troi yn waith. Y
mae yma dafarndai i'w cau, onid oes? Trowch eich teimladau
crefyddol yn benderfyniad ac yn nerth ewyllys, fel nas rhoddoch
orffwys i'r ddeddfwriaeth [h.y. y Llywodraeth] nes cael y llaw uchaf
ar y fasnach lygredig hon. Y mae yma iawnderau cymdeithasol
a rhyddid ac anibyniaeth i'w hennill, onid oes? Trowch eich
teimlad yn rym cymeriad, yn ysbryd ffyddlondeb i'ch gilydd, er
cael dyddiau gwell i chi eich hunain ac i'ch plant ar eich hol. Y
mae yma dywyllwch ac anwybodaeth i'w hymlid ymaith, onid oes,
a rhyddid cydwybod i'w sicrhau? Byddwch bybyr a di-ildio, fy
mrodyr, yn yr holl bethau hyn, bob un yn ol ei gydwybod ei hun.[22]

Nid digwydd pigo'r meysydd hyn o'i ben a'i bastwn ei hun yng
ngwres y foment wnaeth Henry Jones. Yr oedd dirwest, cyfiawnder

cymdeithasol ac addysg eisoes ar agenda'r ryddfrydiaeth newydd a ysbrydolwyd gan yr athronwyr Idealaidd. Fe'u trafodwyd gan T. H. Green yn 1881 mewn darlith nodedig iawn ar egwyddorion deddfwriaeth ryddfrydol,[23] yn wir mae ei sêl drostynt yn britho ei holl waith. Yr hyn oedd yn newydd yn rhyddfrydiaeth yr Idealwyr oedd eu parodrwydd i droi at ddeddf gwlad i osod, drwy orfodaeth, amodau ar gymdeithas a fyddai'n galluogi unigolion i brofi'r rhyddid helaethach a ddeuai yn sgil cyfyngu ar y cyfleoedd i ddynion fynd yn gaeth i'r ddiod, cyfyngu ar hawl cyflogwyr i osod amodau gwaith anghyfiawn ar y cyflogedig a chyfyngu hawl rhieni i atal addysg eu plant. Helaethwyd, dyrchafwyd ac ysbrydolwyd y cysyniad o ddinasyddiaeth. Yn ei drafodaeth o waith T. H. Green dywed Melvin Richter,

> 'Christian citizenship' – this is a phrase which recurs in the works og Green and thoase affeted by him. Yet it is still not altegether clear just how much of a Christian Green was. ... It is easier to state what he was against than what he positively affirmed. Green set himself against dogmatic theology and the creeds used by churches claiming to be the authoritative organ for interpreting the objective revelation of God in his sacred writings. He refused to assign more than symbolic significance to any miracles or historical events reported in the Bible. Jesus he regarded as the original stimulator of the Christian consciousness. God is the idea of one's self as it might be. This idea is progressively realising itself in the experience of mankind, both in its social and political units, and in individuals. Such a mode of thought made it possible for him to consider both the political action of citizenship and the individual act of faith as religious.[24]

Fe allai fod wedi dweud geiriau tebyg iawn am Henry Jones. Yn sicr fe welai ef, fel Green gynt, gysylltiad uniongyrchol rhwng Cristnogaeth a dinasyddiaeth. Tua terfyn ei araith fe ddywedodd Henry Jones,

... y mae crefydd dda, yn ddiddadl, yn creu dinasyddion pur a pharod i ddioddef dros eraill, ac i ymaberthu ar ran egwyddorion eang bywyd cymdeithasol. Nid yn unig y mae hi yn newid calon a buchedd dynion, ond y mae hefyd yn newid deddfau gwlad a'i threfniadau cymdeithasol. Ac yn wir y mae rhaid iddi wneud y naill a'r llall os ydyw ei dylanwad i barhau. Oblegid y mae y dyn unigol yn egwan iawn os na chynhelir ef gan arferion cymdeithasol a deddfau doeth ei wlad.

Mynnwch gan hynny sicrhau ffrwyth y deffroad hwn mewn trefniadau cymdeithasol gwell, ac mewn deddfau disyfl wedi eu hysgrifennu ar lyfr cyfraith y wlad. Oblegid dyna'r unig ffordd ddiogel i sicrhau na fo cenedl yn llithro yn ôl, ydyw trwy godi gwrthgloddiau deddfau doeth.[25]

A wireddwyd gobeithion Henry Jones? Yn sicr, fe gafodd y mudiad dirwest hwb sylweddol yn dilyn y diwygiad. Yr oedd addysg yn bwnc llosg iawn cyn y diwygiad, a pharhaodd felly, fel y cawn weld. O ran deddfwriaeth gymdeithasol, mae'n anodd mesur cyfraniad yr eglwysi fel y cyfryw[26] gan i sosialaeth, drwy'r undebau llafur a'r Blaid Lafur, ddod yn rym pwerus iawn yng Nghymru'r ugeinfed ganrif.

A beth am obeithion Evan Roberts? Mae nodiadau E. Morgan Humphreys ar ei anerchiadau ar Ynys Môn yn dangos nad apêl at deimladau'r unigolyn oedd swm a sylwedd ei genadwri:

Clywais ef fwy nag unwaith yn rhybuddio rhag dibynnu ar deimlad. 'Do not expect feeling,' meddai wrth Sais yn Llangefni, 'feeling may mislead you. Believe.'... (Mewn anerchiad yn eglwys y plwyf, Llanddona, dywedodd Evan Roberts) ...fod pechod nid yn unig yn pellhau dyn oddi wrth Dduw ond hefyd oddi wrth ei gyd-ddyn... Os oeddym yn frodyr, paham yr oeddym mor bell oddi wrth ein gilydd? Pa le yr oedd y cariad?[27]

A ninnau bellach ganrif gyfan ymlaen, efallai y byddai'n ddiddorol sylwi ar sut y gwelai rhai Cymry amlwg Ddiwygiad

'04–'05 a dylanwad Henry Jones ar wlad ac eglwys tua hanner canrif yn ôl. I wneud hynny trown at gasgliad o ysgrifau a gyhoeddwyd yn 1953 dan y teitl *Yr Argyfwng*. Craidd y gyfrol yw casgliad o ysgrifau ar wahanol agweddau ar gyflwr crefydd yng Nghymru gan Ambrose Bebb. Gwahoddwyd nifer o bobl amlwg ym myd crefydd i ymateb iddynt, ac yna ceir ymateb Bebb i sylwadau y cyfranwyr eraill ar ei ysgrifau gwreiddiol ef. Ysywaeth, cyn i'r gyfrol ymddangos o'r wasg, bu farw Bebb. Nid Diwygiad '04–'05 yw testun y gyfrol, ond mae'n ddiddorol fel yr edrychodd cymaint o'r cyfranwyr yn ôl ato, ac at ddylanwad Henry Jones.

Mae teitl y gyfrol, *Yr Argyfwng*, yn awgrymu nad yw'n rhoi dadansoddiad gobeithiol iawn o gyflwr crefydd ar ganol y ganrif yng Nghymru. Cyhoedda Bebb yn groyw mai'r ddwy grefydd a ddisodlodd Cristnogaeth yw Comiwnyddiaeth a thotalitariaeth. Wrth drafod totalitariaeth mae'n rhybuddio'i ddarllenwyr i beidio meddwl mai rhyw fygythiad i wareiddiad Cristnogol ydyw mewn gwledydd pell fel yr Ariannin neu Corea:

Pell o Gymru fach, 'gwlad y gân a'r diwygiadau,' oedd y rhain, meddwch chwithau. Nid mor bell, gyfeillion. Nage; na phell o gwbl. Ond, yn y fan a'r lle, ymhlith yr hen genedl glên ddi-wladwriaeth hon. Yr oedd Syr Henry Jones yn Gymro, os da y cofiaf. Ac y mae chwarelwyr Blaenau Ffestiniog yn Gymry Glân gloyw. Yn awr, heb fod nepell o ddechrau'r ganrif hon, aeth Henry Jones i annerch ei gyd-wladwyr o'r Blaenau. Ei destun ydoedd – Dinasyddiaeth Bur. Llawer o bethau a ddywedodd yng nghwrs yr anerchiad hwn am wladwriaeth, – neu fel y galwai ef hi, y 'wladwrfa'. Eithr swm y cwbl ydyw'r frawddeg ryfedd hon: *'Cysegredig ydyw'r Wladwrfa, fy nghyfeillion… "Perth yn llosgi heb ei difa" ydyw; ac nid wyf fi yn petruso dweud wrth y neb a ddyneso ati hi – "Diosg dy esgidiau oddi am dy draed"'*.
A allai ddiawl ei hun ddywedyd yn amgenach? A fu nemor gwell enghraifft o gam-ddefnyddio geirau cysegredig o'r Ysgrythur Lân? Cafodd Henry Jones fyw i weld un o ganlyniadau erchyll yr addoli

hwn ar y wladwrfa, sef y rhyfel byd cyntaf, rhyfel 1914-18; ac annog blodau'r genedl Gymraeg i aberthu eu heinioes o dan draed y Moloch hwn.[28]

Fe gyfyd dau bwynt o leiaf o'r datganiad hwn o eiddo Bebb, sef agwedd Henry Jones at y wladwriaeth, a'i agwedd at ryfel.

Cododd Bebb y frawddeg am gysegredigrwydd y wladwriaeth o araith arall a draddodwyd gan Henry Jones mewn Gŵyl Lafur. Teitl yr araith honno oedd 'Dinasyddiaeth Bur', a dyna ddaeth yn deitl yr unig gasgliad o'i weithiau Cymraeg a gyhoeddwyd. Mae Bebb yn euog o godi brawddeg allan o'i chyd-destun er mwyn ei chamddehongli'n llwyr. Fel y gwêl unrhyw un a ddarlleno'r araith gyfan, ffolineb llwyr yw ceisio portreadu Henry Jones fel un a argymhellai addoli'r wladwriaeth. Mae'n wir fod ganddo syniad aruchel o'r wladwriaeth, mor aruchel yn wir fel y geilw hi'n gysegredig, ond ni fu erioed yn euog o annog eilunaddoliaeth ohoni. Y cyfiawnhad dros alw'r wladwriaeth yn gysegredig yw ei gred ei bod yn gyfrwng i ddyrchafu bywyd ei dinasyddion. Drwy gyfrwng y wladwriaeth y sylweddolir y pethau hynny a rydd urddas i fywydau pobl fel unigolion ac fel cymdeithas. Drwy ei gweithgaredd hi gallant brofi bywyd helaethach, a chyflawni pethau na allent fyth eu gwneud yn eu nerth eu hunain. Meddylier am allu'r wladwriaeth i ddeddfu mewn meysydd fel iechyd, addysg, diogelwch diwydiannol, bargeinio teg, nawdd i weiniad cymdeithas, ac yn blaen – materion y mae'n briodol eu hystyried yn fater o gonsyrn moesol. I Henry Jones, ysbrydol yw natur y moesol. Yn hyn o beth, mae'n agos eto i safbwynt T. H. Green a ddisgrifiwyd gan Melvin Richter fel hyn:

> Green applies to human society the conception of God as immanent in the institutions, aspirations and customs of men just as He is in individuals.[29]

Rhybudd difrifol araith Henry Jones ar ddinasyddiaeth bur yw i ni beidio â thrin gwleidyddiaeth fel peth materol:

A oes rhyw raid gynhenid ar bethau'r Wladwriaeth fod yn gyffredin ac aflan, ai ynte ni ein hunain sydd yn eu halogi? A farnodd Pedr yn iawn am gynnwys y llen llian? A pha un ai pethau'r Wladwriaeth sydd yn wael ac yn siomgar, ai ynte ein hagwedd ni tuag atynt sydd yn amhriodol ac anheilwng?[30]

Yn yr ysbryd hwn, ac nid mewn unrhyw agwedd dotalitaraidd y galwodd Henry Jones y wladwriaeth yn gysegredig, ac fe ddylai Bebb wybod hynny.

Yn wir yn yr araith ar y diwygiad cawn Henry Jones yn trafod pwnc gwleidyddol yn y modd mwyaf anhotalitaraidd posibl, sef polisi addysg y llywodraeth. Cynhyrfwyd y dyfroedd yn wreiddiol gan Ddeddf Addysg 1902 a roddodd ddarpariaeth i gyllido addysg gynradd. Yr hyn a dramgwyddodd yr Anghydffurfwyr yn y Ddeddf oedd fod y ddarpariaeth yn cyllido ysgolion eglwys yn ogystal ag ysgolion y Byrddau Addysg gydag arian cyhoeddus. Cynddeiriogwyd llawer o Anghydffurfwyr gan y parodrwydd hwn i gynnal ysgolion enwad a hynny gydag arian eu trethi hwy. Yr oedd Lloyd George a'r Rhyddfrydwyr ar flaen y gad yn gwrthwynebu gweithredu'r Ddeddf yng Nghymru. Cymaint oedd eu llwyddiant yn perswadio cynghorau lleol Cymru i atal cyllid i ysgolion eglwys, fel y bu'n rhaid i'r llywodraeth basio deddf arall yn awdurdodi'r llywodraeth ganolog i weithredu darpariaethau Deddf Addysg 1902 lle'r oedd yr awdurdodau lleol wedi gwrthod cyllido ysgolion eglwys. Daeth y ddeddf hon i rym yn Awst 1904 gan ffyrnigo'r sefyllfa'n enbyd. Galwodd y *South Wales Daily News* y mesur yn 'Coercion of Wales Bill'. Cyfeiriodd Henry Jones ati yn ei araith ar y Diwygiad. Dyma oedd ganddo i'w ddweud am yr hyn a alwai ef yn 'Ddeddf Gorfodi':

Ni welais i erioed roi'r gallu i neb i ddifreinio cynrychiolwyr y bobl ar amnaid pwyllgor [h.y., y Bwrdd Addysg yn Whitehall]. A welsoch chwi? Mentraf ddweud na osodwyd ar ddeddf-lyfr gwlad rydd gyfraith debyg i hon yn ein dyddiau ni ac ni thaflwyd y fath sarhad ar ei phobl. Fe ddylsai pob plaid boliticaidd fel eu gilydd gondemnio deddf mor groes i'r Cyfansoddiad Prydeinig a'r ddeddf hon. Ond mor farw yw teimlad politicaidd y Saeson, mor ddwl eu gwelediad, fel na theimlodd hi na'r sarhad na'r clwyf. Disgwylia hi heddyw i Gymru fechan ymladd y frwydr dros iawnderau y ddwy. Ac y mae yn dda gennyf fi feddwl fod Cymru yn ddigon byw i hawliau rhyddid i fynd allan i'r maes. Eistedded concwest ar ei banerau, medaf fi; oblegid y mae gornest dros ryddid yn decach gornest nag hyd yn oed yr ornest dros addysg, a sobrwydd. Canys rhyddid ydyw anadl bywyd pobl.[31]

Cafodd Bebb andros o gam gwag pan haerodd fod awdur geiriau fel hyn yn cynrychioli totalitariaeth. Meddai ei gyfaill, Saunders Lewis, am Bebb yn ei deyrnged ar ddechrau'r gyfrol, 'Rhaid cydnabod nad oedd ganddo feddwl beirniadol a'i fod yn fyrbwyll. Arweiniai hynny ef i brofedigaeth fel hanesydd ac fel newyddadurwr.'[32]

Am ddyfodol y 'Coercion of Wales Bill', gellir dweud fod cyfarfod protest mawr wedi ei gynnal yn y Bala drannoeth yr Ŵyl Lafur ar Fai yr ail 1905, ac yn ôl y *South Wales Daily News* dywedodd Lloyd George, 'the present revival would make the people of Wales stronger to encounter the children of Amalek in Whitehall and the sons of Amman who dwelt nearer home (laughter and applause)'.[33] Cyn i'r argyfwng gyrraedd uchafbwynt, cwympodd y llywodraeth ar Ragfyr y pedwerydd 1905, a dyna ddiwedd ar y mesur.

Mae'n amlwg mai'r union werthoedd a'i harweiniodd i annog ei gynulleidfa i ddal ati i wrthwynebu llywodraeth Llundain ar gwestiwn y Ddeddf Gorfodi a arweiniodd Henry Jones cyn pen degawd i alw am gefnogaeth i achos Prydain yn 1914, sef gwrthwynebiad i'r hyn a welai ef yn dotalitariaeth a materoldeb yn amcanion llywodraeth yr Almaen.

O droi felly at agwedd Henry Jones tuag at y Rhyfel Byd Cyntaf, mae dau beth i'w bwysleisio. Yn gyntaf, nid oedd ar ei ben ei hun yn mabwysiadu'r agwedd gefnogol. Meddai Bebb, 'Cafodd [Henry Jones] weld y pregethwr enwocaf o'r un yng Nghymru yn ymwisgo â lifrai'r "Wladwrfa", er mwyn ymroddi i'r un gwaith â Syr Henry'[33] sef Dr John Williams, Brynsiencyn, un o arweinwyr amlwg Diwygiad '04–'05. Yn ei sylwadau ef ar ysgrifau Bebb mae'r Parch J. P. Davies am amddiffyn y rhai hynny, fel Henry Jones, a bregethai efengyl gymdeithasol, ond mae'n gweld eu cefnogaeth i'r rhyfel fel anallu i weld dimensiwn rhyngwladol yr efengyl gymdeithasol:

> Nid hwyrach nad y gwendid hwn yng nghrefydd Syr Henry Jones a'r Parch John Williams, ac nid eu totalitariaeth fel y myn yr Athro [Bebb], a barodd iddynt beidio ag agor holl ddorau bywyd i'r Iesu. Caewyd drws gwleidyddiaeth ryngwladol yn hollol yn ei wyneb.[34]

Barn heddychwr Cristnogol, yn yr ystyr o rywun sy'n credu fod defnyddio grym arfog ar unrhyw achlysur yn groes i ddysgeidiaeth Crist, yw hynny, wrth gwrs. Nid dyna oedd barn Henry Jones a John Williams, ac mae'n rhaid dweud eu bod ill dau yn sefyll mewn traddodiad Methodistaidd cadarn ar y pwnc. Wedi'r cyfan, yn y ddeunawfed ganrif yr oedd Howell Harris wedi arfogi pump o wŷr i ymladd y Ffrancod yng Nghanada. Perswadiodd bump ar hugain o rai eraill i ymuno â rhengoedd milisia Sir Frycheiniog, a phan aethant ar ddyletswydd, ef oedd yr is-gapten. Yn y bedwaredd ganrif ar bymtheg cenadwri Thomas Jones o Ddinbych wrth ei ddarllenwyr Methodistaidd yn wyneb ymosodiad disgwyliedig gan Ffrainc oedd:

> Os ydym yn caru Duw, carwn ein gwlad: ac os ydym yn caru ein gwlad, dyma'r amser i ddangos ein caredigrwydd ati... Pa faint mwy cadrn fydd gwlad yn debygol o fod, pan fo ei thrigolion, neu ran fawr ohonynt, yn ymroddi y'mlaen llaw i gael eu harfogi, eu

cydgorphori, eu dysgu, a'u harwain, gan Swyddogion addas! Os gelwir ar y Cymry yn y modd hwn, gyd âg eraill o'n cyd-ddeiliaid, yr wyf yn gobeithio y dangosant barodrwydd i groesawu'r alwad.[35]

Hynny yw, y mae Cristnogion ar hyd y canrifoedd (gan gynnwys diwygwyr fel Luther, Calvin a Zwingli) wedi credu, ar ôl chwilio eu cydwybod a cheisio byw yng ngoleuni efengyl yr Iesu, fod y fath beth yn bod â rhyfel cyfiawn. Nid 'cau drws gwleidyddiaeth ryngwladol yn hollol yn wyneb' yr Iesu a wnaethant, ond, yn eu barn hwy, ei agor. Ac yn sicr, ni chredai Henry Jones fod pob rhyfel a ymladdai Prydain yn gyfiawn. Yr oedd y dathlu ar gorn buddugoliaeth Prydain yn Ail Ryfel y Boer (1899-1902) yn fwrn arno. Wrth sôn am dueddiad y Cymry i ymgolli mewn crefydd ar adeg y diwygiad, meddai:

Ac yn wir dyma un o ddelweddau prydferthaf a gwerthfawrocaf ein cenedl ni – y gall hi, o bryd i bryd, ymgolli, ac anghofio ei hun mewn pethau goreu bywyd; pethau uwch nag aur ac arian, ac anrhaethol well na'r bri sydd yn dilyn gollwng gwaed.[36]

Methiant mawr Diwygiad '04-'05 i fwy nag un o'r cyfranwyr i gyfrol Bebb oedd yr anallu i gymhwyso'r efengyl i amgylchiadau cymdeithasol y dydd, y peth y gobeithiai Henry Jones ei weld yn deillio o'r diwygiad. Meddai'r Athro J. Oliver Stephens,

Gwêl yr awdur [Bebb] arwyddion, os nad un o achosion, y dirywiad [cyfoes] yn Niwygiad 1904-5... cytunaf yn hollol ag ef nad oedd gan y pulpud yr union neges ar gyfer yr argyfwng... Nid gwir, er hynny, mai diffyg diwinyddiaeth 'uniongred' a gyfrifai am y trychineb. Diffyg diwinyddiaeth y blynyddoedd hynny oedd ei bod yn rhy 'uniongred' yn yr ystyr ei bod yn rhy geidwadol ac arallfydol. Y farn gyffredin ymysg gweinidogion heddiw ydyw i'r pulpud golli'r cyfle am nad oedd yn meddu ar neges gymdeithasol Efengyly yr Iesu am Deyrnas Dduw. Sylweddoli'r diffyg hwn a barodd i gynifer o fyfyrwyr diwinyddol ymroi i astudio'r hyn a elwid yn Political Economy yn y Brifysgol er mwyn ceisio cyfleu'r Efengyl at anghenion y cyfnod.[37]

Yr oedd gan Henry Jones eisoes brofiad uniongyrchol o'r duedd hon fel Athro ym Mhrifysgol Glasgow. Y ddau fyfyriwr a ymserchodd fwyaf ynddynt oedd Hector Hetherington a Thomas Jones. Yr oedd y ddau wedi bwriadu yn wreiddiol gynnig eu hunain i waith y weinidogaeth, ond nis ordeiniwyd hwy. Meddai cofiannydd Hetherington amdano,

It seems probable that it was his experience of Glasgow slum conditions which turned his thoughts away from the church and towards more practical aspects of social and economic planning.[38]

Ac meddai Thomas Jones am effaith y tlodi mawr a welsai ef yn Glasgow,

... there was a turning from the ordinary orthodox outlook to a socialistic view of life combined with the Christian... one would need the hide of a rhinocerous to be indifferent to the misery around us, or to be satisfied with prescribing Moody and Sankey's evangelical salvation as the one and only remedy... We went about, it was said, unpacking our hopes of a blissful future, with a New Testament in one pocket and a Fabian tract in the other, seeking to reconcile the otherworldliness of the one and the this-worldliness of the other.[39]

Gallai Tegla Davies fod wedi bod yn sôn am eu tebyg pan ddywedodd yn ei gyfraniad ef i gyfrol Bebb,

Iddynt hwy rhyw baent ar yr wyneb oedd Cristionogaeth i gudio tyllau gormes a gwae, a bywyd bob dydd yn cilio ymhellach, bellach oddi wrthi.[40]

Efallai mai cyfraniad Tegla yw'r mwyaf treiddgar o'r cyfan a gyhoeddwyd. Dyma ran o'i sylwadau ef:

Fe gredwn y byddai i ddiwygiad fel yr eiddo Evan Roberts ddatrys ein problemau. Na fydd yn wir. Fflach olaf yr hen gyfnod oedd hwnnw, cyn marw... Y mae gan y Saeson ddau air am ddau beth gwahanol na ddefnyddiwn ni ond un gair amdanynt – *revival* a *reformation*. '*Protestant Reformation*' y galwant ddiwygiad Martin Luther, ond '*Welsh Revival*' am ddiwygiad Evan Roberts. Trwsio'r craciau a gloywi tipyn ar yr adeilad oedd Adfywiad Evan Roberts; tynnu adeilad pwdr i lawr i'w sylfaen a wnaeth Luther a Wesley a Harris – 'job beryg i rywun'. Arwydd o'r gwahaniaeth yw bod pob adfywiwr yn ŵr poblogaidd. Nid oedd adeilad a gynhaliai dyrfaoedd Evan Roberts, yn ei dduweiddio. Eithr y mae pob diwygiwr mewn perygl. Peth cyffredin oedd i Wesley a Harris a Phantycelyn fynd adref o'u cyhoeddiadau yn eu gwaed; ac am Luther, yr oedd mewn perygl am ei fywyd beunydd. Nid peth poblogaidd yw tynnu adeilad pwdr i lawr i'w sylfeini, a fagodd gysegredigrwydd cartref i rywun. Ofnaf yn wir mai dyna'n cyflwr heddiw, nad Adfywiad (*revival*) yw ein hangen, ond Diwygiad (*re-formation*).[41]

Tybed na ellid dweud mai gobaith Henry Jones oedd cael *Reformation* i ddigwydd tu fewn i'r eglwysi, ac y gwelai y gallai *Revival* '04–'05 gynnig cyfle i hynny ddigwydd?

Nodiadau

1   Henry Jones, Dinasyddiaeth Bur ac Areithiau Eraill (1911), t. 50.
2   Henry Jones, *Old Memories* (1922), t. 53 (2000), t. 35.
3   H. J. W. Hetherington, *The Life and Letters of Sir Henry Jones* (1924), t. 20.
4   Henry Jones, *Old Memories* (1922), t. 134 (2000), t. 27.
5   Henry Jones, *A Faith that Enquires* (1922), t. vii.
6   Ibid, t. 42.
7   Ibid, t. 43.
8   Henry Jones, *Browning as a Philosophical and Religious Teacher* (1891), tt., 200, 207-8.
9   Henry Jones, *The Idealism of Jesus* (1909), t. 52.

10   Henry Jones, *Dinasyddiaeth Bur ac Areithiau Eraill* (1911), t. 64.

11   Ibid, t. 66.

12   R. Tudur Jones, *Ffydd ac Argyfwng Cenedl*, Cyf. 2 (1982), t. 214.

13   D. Densil Morgan, 'Diwygiad Crefyddol 1904-5', *Cof Cenedl,* Geraint H. Jenkins (gol.), Cyf. 20 (2005), tt. 184-5.

14   Gaius Davies, 'Evan Roberts: wedi ei ddifa gan y tân?', *Nefol Dân: Agweddau ar Ddiwygiad 1904-5*, Noel Gibbard (gol.), 2004, t. 161.

15   Ibid, t. 158.

16   Henry Jones, *Dinasyddiaeth Bur ac Areithiau Eraill* (1911), t. 57.

17   Ibid, t. 61.

18   Ibid, t. 66.

19   Ibid, t. 69.

20   Ibid, t. 68.

21   Melvin Richter, *The Politics of Conscience* (1964), t. 119.

22   Henry Jones, *Dinasyddiaeth Bur ac Areithiau Eraill* (1911), t. 70.

23   T. H. Green, *Lectures on the Principles of Political Obligation and Other Writings*, Paul Harris a John Morrow (goln.), 1986, tt. 194-212.

24   Richter, op.cit., t. 115.

25   Henry Jones, *Dinasyddiaeth Bur ac Areithiau Eraill* (1911), t. 70.

26   Am drafodaeth gynhwysfawr gweler Robert Pope, *Building Jerusalem: Nonconformity, Labour and the Social Question in Wales, 1906-1939* (1998).

27   Sidney Evans a Gomer M. Roberts (goln.), *Cyfrol Goffa Diwygiad 1904-1905* (1954), t. 55.

28   W. Ambrose Bebb, *Yr Argyfwng* (1953), t. 37.

29   Richter, op. cit., t. 105.

30   Henry Jones, *Dinasyddiaeth Bur ac Areithiau Eraill* (1911), t. 10.

31   Ibid, t. 60.

32   Bebb, op. cit., t. 12.

33   Bebb, op. cit., t. 37.

34   Ibid, t. 68.

35   Thomas Jones, 'Gair yn ei Amser', yn Frank Price Jones, *Radicaliaeth a'r Werin Gymreig yn y Bedwaredd Ganrif ar Bymtheg* (1975), t. 38.

36   Henry Jones, *Dinasyddiaeth Bur ac Areithiau Eraill* (1911), t. 58.

37   Bebb, op. cit., t. 64.

38   Charles Illingworth, *University Statesman: Sir Hector Hetherington* (1970), t. 10.

39   Thomas Jones, *Welsh Broth* (1950), t. 12.

40   Bebb, op. cit., t. 74.

41   Ibid, tt. 78-9.

Hefyd gan yr awdur:

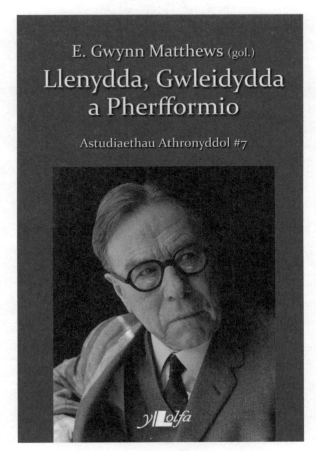

E. Gwynn Matthews (gol.)

Llenydda, Gwleidydda a Pherfformio

Astudiaethau Athronyddol #7

£7.99

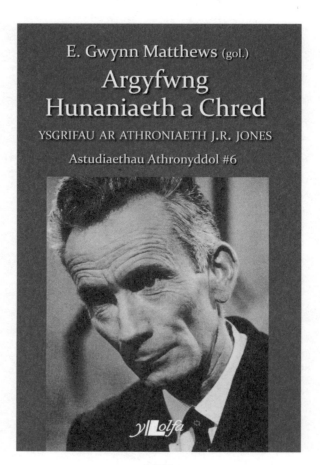

E. Gwynn Matthews (gol.)

Argyfwng Hunaniaeth a Chred

YSGRIFAU AR ATHRONIAETH J.R. JONES

Astudiaethau Athronyddol #6

y Lolfa

£8.99

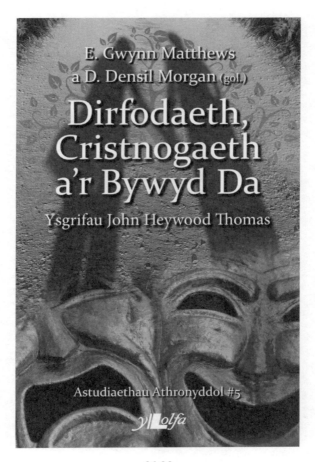

E. Gwynn Matthews
a D. Densil Morgan (gol.)

Dirfodaeth, Cristnogaeth a'r Bywyd Da

Ysgrifau John Heywood Thomas

Astudiaethau Athronyddol #5

yLolfa

£6.99

Holwch am bris argraffu!
www.ylolfa.com